駱建人著作集

論孟心詮

駱建人　著

▲駱建人先生

▲駱建人先生家居留影
◀駱建人先生全家福

▼駱建人先生含飴弄孫照

▲▼駱建人先生中國大陸旅遊照

▲民國六十八年獲中正文化獎首獎，由嚴副總統家淦頒獎。

▲攝於詩人羊令野書法展，與羊令野先生合影。

目次

圖版

序　/蔡信發

序　/王邦雄

《孟子‧告子篇》「乃若其情」句索解 ………… 001

在「四書今註今譯問題」座談會上的發言 …… 009

《孟子‧梁惠王篇》「世臣」一詞本義辨疑 … 013

《論語‧子罕篇》「未見其止也」「止」字臆解 · 019

《論語‧為政篇‧季康子問使民敬忠以勸章》
　　「勸」字商榷 ……………………………… 025

孟子之大仁義即大功利說 …………………… 033

孔孟「義命分立說」之見理與「義命不二說」
　　之見道層次 ………………………………… 049

儒家思想概說 ………………………………… 055

儒家成仁取義的思想在美育上的功能 ……… 077

孟子性善說 …………………………………… 089

孟、荀性善、惡之異同 ……………………… 119

孟子義理之天之認知與人性本善論之建立 … 133

孔、孟、荀「欲望論」本義發微 …………… 153

跋　/駱以軍 …………………………………… 193

編後記 ………………………………………… 205

序

蔡信發

　　相書說：「南人北相者，主貴。」駱老就是「南人北相」最好的寫照。

　　駱老身材魁梧，聲如洪鐘，談笑之間，眉飛色舞，有北人之豪邁，無文人之柔弱；屬文之際，又龍飛鳳舞，躍然紙上，有南人之文采，無武士之魯莽。

　　我與駱老相識甚久，深知他是一個鐵錚錚的漢子。安徽對南方人來說是北方，對北方人來說是南方。駱老性格豪放，但感情細膩，講情重義，知書達理。「日月之行，若出其中；星漢燦爛，若出其裏」，這是對古代安徽一地人文昌盛的描寫，也是駱老個性的寫照。

　　駱老弱冠時，遭逢大陸戰亂。民國三十四年，他在南京臨時大學法律系就讀；三十八年，輾轉流離到臺灣，定居在永和福和橋畔。獨自離鄉，來到海嶠，先後擔任好幾所中學的訓導主任，也擔任過臺南師範學校的訓導主任、臺北市立師範學院的學務長。在這期間，從不間斷著書立說，終以著作《孟子學說體系探賾》，榮升教授，若說他一生清貴，也是當之無愧的。

　　我與駱老在臺北市立師院成為知己，即是因他個性爽

朗，不拘小節，古道熱腸，憨厚耿直。他的一生奉獻教育，對學生愛護有加，無論本省、外省，均援引照顧，真情至性，流露無遺。他雖家計窘迫，但藏書滿室，蒐藏茗壺、古硯，傾其所有，雅興不減，而一生奉守孔孟學說，旁及諸子，著有《文中子研究》，其為人處世，無不以「仁」、「義」為依皈。

駱老之「仁」，表現在他的「赤子之心」。他曾路見不平，拔刀相助，為流氓所傷，卻因憐憫對方失業，還給了對方一筆錢。他因離鄉背井，念及僑生獨在他鄉為異客，每逢年節，即邀他們圍爐，這些作為，全出於一片真心！在那普遍物質缺乏的年代，他無疑是好客、慈藹的。無論對朋友、陌生人，他總是推心置腹，濟人危急，未嘗稍歇，以至於辭世之前，家境難臻小康。

駱老之「義」，表現在他的「勇於辭讓」。他在南師當訓導主任時，因為維護學生，得罪校長，因此離開南師；他在面對權貴、政要時，從不假辭色，直道而行，也因此曾賦閒在家。若說對肝膽相照的朋友，他更是義不容辭，能忍則忍，能讓就讓，也因此獲得朋友們的敬重。

駱老退休之後，我們有一個轉轉會。他雖喜酌酒，但因深知好友不飲酒，所以相當節制，從這裏可以看出他凡事體諒朋友，十分貼心。我們縱論天下事，但他從不論人是非，更可見他自我節制的功夫。他的一生，效法淵明的淡泊自適，具有東坡的堅苦卓絕、稼軒的豪情壯志，「仁」以待人，「義」以自律，堪稱是文士中的君子。

若說「經師人師」，駱老也當之無愧。經師是人師之

體；人師是經師之用。非經師，無以成人師；凡為人師，必然是經師。因學問不足，難以傳道、授業，怎能為人師？古人說：「經師易得，人師難求。」駱老振鐸杏壇四十載，不但具經師之質，且著述之餘，解惑尤多，於今日人師固難求，經師亦不可得之際，堪為人師之表率。

南人講「仁」，北人重「義」，駱老兼重仁義，這是我對他平日行事的感受。因其行仁，所以對親人恪守本分，教子有成；因其重義，所以無論友朋、知己，無不掏心掏肺，盡其所能；因其仁義兼具，所以無論晚輩、學生，都能循循善誘，期望有成。我既以有這樣的知己，引以為傲，又受託於門弟子，援以為序，而譔寫之際，想起駱老一生清貴，又不禁望風依依，感慨係之矣！

民國一百年歲次辛卯桂月鄞縣蔡信發敬書

序

王邦雄

　　不論是為學與做人，駱建人先生都是鐵肩擔道義的好漢。

　　民國四十七年九月，我在臺南師範學校普師科就讀，由二年級升上三年級，是在南師求學的最後一年，正滿懷憧憬，準備離校而迎接身為人師這一新身分的到來。那是少年十五、二十時的青澀年代，整個臺灣也處在最艱困的時期。師範生幾乎都是來自窮苦的家庭，天分資質都很高。前來古都臺南尋求「志於學」的成長路，那真的是可以專心讀書，也可以真心交朋友的錦繡年華。師範生逃離在聯考的枷鎖之外，擁有無限寬廣的自在天空，「可與共學」，也「可與適道」，是否「可與立」的立於道，或「可與權」的通於權，則期諸未來歲月的磨練與考驗了。

　　就在這一年，駱老師隨著新校長來到了南師，且擔當訓導主任的重任。這一職責，先天上就讓學生反感，至少也敬而遠之，都說是敬畏，實則「畏」的成分遠大於「敬」，駱老師卻可以在一年之間，完全扭轉了過來，讓我們對他的「敬」，遠大於「畏」。

　　扭轉的關鍵在，新校長到任的第一把火，要男生剪光三

千煩惱絲，引爆了我們這一屆學生的群起抗命，校長威權受挫，集合全校學生在大操場陽光下訓話，大伙兒擺出拒絕聽訓的姿態，既吵雜又散漫，校長大為光火，要教官解散隊伍，再重新整隊。未料，震耳的口令聲通過麥克風傳來。我們這一屆學生竟沒有人移動腳步，三三兩兩蹲在樹蔭底下納涼，反而把穿著西裝，打上領帶的校長留在陽光底下的司令臺上。情勢已失控，校長拂袖而去，大伙兒重回教室上課。

此等同鬧學潮，僵局一時難解。苦的是夾在校長與學生之間的駱老師。既要穩住校長，又要勸勉學生。就在當天晚上的一場燭光交心會中，他以鐵漢的柔情淚水，感化了性情未定的血氣少年。他保住了我們的頂上風光與尊嚴，也贏得了所有學生對他的敬愛與信任。

他從未在課堂上教導我們「知識的學問」，他啟發我們的是從身教而來的「生命的學問」。就因為他站在學生這一邊，折損了校長的權威，雖得到了學生的愛戴與敬重，卻在我們離校半年之後，他也離開了南師。

此後，他北上臺北商職任教，又落腳永和，也展開了老師與我研討中國哲學的另一段師生緣。有一回，搭公車回永和，一上車老師一眼看到我，立即喊出我的名字，這是離校十幾二十年的事，太感人了，在世衰道微之際，自己有幸碰上了這樣的老師。

老師民國三十四年入南京臨時大學法學院法律系就讀，三十八年逃難來臺，似乎未有安定而完整的大學學思歷程，更別說上研究所深造了。且前後擔任了好幾所中學的訓導主任，與臺北市立師範學院的學務長，都是最繁重的工作。他

還是可以自家下工夫鑽研，在語文教育系擔任教職。民國六十二年出版了《徐幹中論研究》，六十四年在臺北商專升等副教授；民國六十八年再出版了《孟子學說體系探頤》，隔年在臺北市立師範學院升等教授，該書並獲得中正文化學術獎。由是而言，他不僅是鐵肩擔道義的好漢，更是不待文王猶興的豪傑。

他一度應聘東吳大學哲學系，兼任「孔孟荀哲學」的專家課程，老師知道我跟幾位朋友創辦了《鵝湖月刊》，也跟我們一起深讀唐君毅、牟宗三、徐復觀諸先生的著作。未料，引來系主任的干預，說不要引據新儒家的觀點來講課，老師「仁者安仁」，又「求仁而得仁」，果真失去了這一門課程。

不論是不愉快的離開南師，或失去了「孔孟荀哲學」的重要課程，背後都有他擇善固執的理念堅持，他既是擔得起的鐵漢，又是放得下的豪傑，決不為五斗米而折腰。

而今，在老師過世七年之後，由學生友朋安排，將老師散見各報刊雜誌的文章，集結出書，名曰《論孟心詮》，與《駱建人論學雜著》。師生有緣，在三十年的學術生涯中，時相過從，會面論學，老師很看重我。實則，儒學傳統不是知識的學問，而當是生命的學問，老師一生的為學與做人，都有一分儒者的傲骨，也為學生輩留下了身為儒者的風範。

昨夜夢裡，出現了老師壯碩的身影，神奇的是他正在國手集訓的網球場督導公子駱以軍高壓式的重力發球。這樣的場景，或許跟我原本身為南師網球校隊的自身經歷直接相干。我想老師一生最重大的作品，就是生出也養成活躍當代

文壇已卓然成家的駱以軍吧！以軍說老師生前常得意的說在
臺灣的學生王邦雄如何如何，又說旅居美國的學生蘇俐煇又
如何如何，想他一生得意門生不知有多少，可能是我一生的
學術進路跟他最貼近吧，而蘇俐煇應邀前往北京講學，在兩
岸未開放交流的時刻，她專程南下老師的家鄉，看老師的家
人，並攜回一撮故鄉泥土的一分深情吧！

　　這兩本結集的主軸，其一在孔孟荀三家的儒學思想與時
代關懷，其二在陶淵明詩學的心靈境界與知識份子的擔當，
這就是傳統儒者「不可解於心」的本懷，與身為知識份子
「無所逃於天地之間」的使命感。

　　老師不在了，而長留風範在人間，「頌其詩，讀其書，
不知其人可乎，是以論其世也」，懷想老師的一生，也為這
個時代做個見證吧！

王邦雄謹序於淡江大學中文系民國百年六月

《孟子・告子篇》「乃若其情」句索解

《孟子・告子篇》：

公都子曰：「告子曰：『性無善無不善也。』或曰：『性可以為善，可以為不善：是故文、武興，則民好善；幽、厲興，則民好暴。』或曰：『有性善，有性不善，是故以堯為君，而有象；以瞽瞍為父，而有舜；以紂為兄之子，且以為君，而有微子啟、王子比干。』今曰：『性善。』然則彼皆非歟？」孟子曰：「乃若其情，則可以為善矣，乃所謂善也。若夫為不善，非才之罪也。」

案：「乃若其情」一辭，前脩多有所見，聚訟紛紜，莫衷一是，爰撮引其要，參比異同，冀求其當，不敢固也。

一、首述「乃若」

漢儒趙岐僅注「若」字曰：「若，順也。」「乃」字則未及，蓋「乃」字古人要以虛字視之也。朱熹則曰：「乃若，發語詞。」程氏瑤田《通藝錄》則曰：「轉語詞。」從其說者亦夥，陳澧《東塾讀書記》亦曰：「乃若者，因其說而轉

之之詞，朱注云：「乃若，發語詞。」非也。」然陳氏則復評程氏曰：「程易疇《論學小記》云：『乃若者，轉語也，從下文若夫為不善生根……』且謂『乃若』二字生於下文，文法尤不順耳。」而焦氏循尤揄揚之。

考「若」一詞，朱熹與趙岐見，焦循是程而非趙，主因句末「情」字界說不同，乃互為齟齬，今試由「其情」之「情」字撐摯之。

二、次述「其情」

趙岐注「情」曰：「性與情相表裏，性善勝情，情則從之，《孝經》云：『此哀戚之情。』情從性也，能順此情使之善者，真所謂善也。若隨人而強作善者，非善者之善也。若為不善者，非所受天才之罪，物動之故也。」孫奭疏曰：「情、性、才三者，合而言之，則一物耳；分而言之，則有三名，故曰性，曰情，曰才。蓋人之性本則善之，而欲為善者，非性也，以其情然也……」是則性情一元論矣。考趙、孫二氏之說，不為無據。試觀《孟子・告子上篇・牛山之木章》：「人見其禽獸也，而以為未嘗有才焉，是豈人之情也哉？」按此「情」字焦氏《正義》亦訓為「素」也、「實」也。實則此「情」字與「乃若其情」之「情」字，均有「本質」之意。《孟子》此處之情字既可作「質」作「性」解，何獨「乃若有情」之「情」字不可如是解耶？趙氏既以「情」、「性」為一物，乃注「若」為「順」，「順情」亦即「率性」，「率性而為善」，本無不當也。

　　朱熹則不然，其注「情」曰：「情者，性之動也。人之情，本但可以為善，而不可以為惡，則善之本善可知矣。」朱氏釋義，僅曰：人情「本但可以為善，而不可為惡」之當然，而未能言及其所以然，殊覺籠統武斷，未能令人釋然也。以意測之，朱熹其以情為善歟！情可善可惡，不待辯而可明，何朱子之云情為善，而不逕指情即性也，朱子其有所囿乎？

　　焦氏《正義》復曰：「……孟子以人能改過為善，決其為性善。伏羲之前，人同禽獸，其貪淫爭奪，思之可見，而伏羲能使之均歸於倫常之中……信乎無不可以為善之情也。可以為善，原不謂順其情即善。『乃若』宜如程氏瑤田之說，趙氏以順釋若，非其義矣！」

　　焦氏此論，以為性、情不可混，蓋性善而情可善可惡也，渠引程氏瑤田《論學小記》，程氏初亦承認孟子「以情驗性」。惜乎為下句「若夫為不善」所惑，乃曰：「『乃若』者，轉語也，即從下文『若夫為不善』生根。」（陳氏澧已評其文法不順矣）致認定此情可善可惡，未知孟子此一「情」字即言性也。焦氏準此，乃責趙注不當，渠與朱氏、程氏均認性、情為二物耳，其所本或為：

　　　甲、性——《說文》：「人之昜氣，性善者也。」《孝經援神契》曰：「性生於陽以理執情。」董仲舒曰：「性者，生之質也，質樸之謂性。」

　　　乙、情——《說文》：「人之会氣有欲者。」《孝經援神契》曰：「情生於陰以繫念。」董仲舒曰：「情者，人之欲也，人欲之謂情，非制度不節。」

由此觀之，則性與情截然不同矣。朱、程、焦諸氏其以此立論乎？然焦氏《正義》亦自注「是豈人之情也哉」之「情」字為「素」為「實」。

案此「素」、「實」二字自為「本質」之意，寧非指「生之質也」之本性也歟而何？然對「乃若其情」之「情」字，則比附程氏之說，以焦氏之賢，則亦失之偏執矣。

故舉凡以「性」、「情」分離立論，自不欲認「若」為「順」矣，蓋情可善可惡，順則害道，而性情之論，乃愈辯而歧矣。

愚意宋儒陳淳對此句則較詮論了當，渠所著之《北溪字義》卷上「仁義禮智信」一則論四端曰：

> 孟子四端之說，是就外面可見底以驗其中立所有。如乍見孺子入井，便自然有惻隱之心，便見得裏面便有這仁。如行道乞人，蹴爾嘑爾而與之，便自羞惡而不肯食，便見得裏面有這義。如一接賓客之頃，便自然有恭敬之心，便見得裏面有這禮。一件事來，非底便自覺得為非，是底便自覺得為是，便見得裏面有這智。惟是裏面有是四者之體，故四者端緒自然發見於外，所謂「乃若其情，則可以為善，乃所謂善也」。以見性不是箇含糊底物，到發來方有四端，但未發則未可見耳。

義至精微，唯「情」之一字，尚難以一言喻之，清俞正燮《癸巳存稿》曰：「情者，事之實也，《大學》『無情者』，鄭

注云：『情，猶實也。』是也。」近人黃氏建中進而曰：
「情，實也。」[1]義至精當。案「實」既可訓為「事實」之
實；亦可訓為「實情」之實。「事實」也者：孺子將入於井
也，為人蹴而與食也，不潔之人於側也，當或不當之事發生
於前也；「實情」也者，至情也。「至情」也者：惻隱之心
也，羞惡之心也，辭讓之心也，是非之心也，吾人但云：
「因事實觸發而生之至情，則可以為善。」斯可矣！

　　案此至情亦即本性之說，非僅《孟子》原書軌跡可尋，
近人亦多主其說，如：程氏兆熊《孟子講義》曰：

　　……而本有之悲，則由於本有之情；本有之情，更
　　由於本有之性……
　　……順此最初的善，而有其情，而有其悲，而有其
　　明，而有其自肯……

錢基博氏亦以為孟子多「以情證性」，渠云：

　　孟子好以「惻隱」、「羞惡」、「辭讓」、「是非」四端
　　言性，皆「情」也。「情」之為言，「性之感」也，
　　《荀子‧正名篇》曰：「生之所以然者謂之性，性之
　　好、惡、喜、怒、哀、樂謂之情。」《論衡‧初稟
　　篇》曰：「情接於物而言者也。」蓋「生之謂性」；
　　而情則性之發。「性」不可見，而「情」可見，故以

---

[1] 見中華叢書編審委員會印行之《孟子研究集》，黃氏所作《孟學述要》。

情證性也。此孟子道性善之方法也。[2]

由此，吾人益可見此「情」乃指善性所發之「至情」，而非情慾之情也。

陳氏《北溪字義》言之尤當，渠論「情」曰：

情者，心之用，人之所不能無，不是箇不好底物，但其所以為情者，各有個當然之則，如當喜而喜，當怒而怒，當哀而哀，當樂而樂，當惻隱而惻隱，當羞惡而羞惡，當辭讓而辭讓，當是非而是非，便合箇當然之則，便是發而中節……孟子論情，全把做善者，是專指本於性之發者言之，禪家不合便指情都做惡的物，卻欲滅情以復性，不知情如何滅得？情既滅了，性便是個死的性，於我更何用？（卷上）

陳淳氏如此闡明，堪稱具體而微矣，儒家之學，重行為之德，德者，內得於己而外得於人之謂也。君子敦善行而不懈，首因客觀事實引發主觀之善念，再則必求主觀善念符合客觀之標準，斯乃得為善行，不則參禪、打座、冥想、空談，一切流於虛幻矣。

近人胡毓寰氏所著之《孟學大旨》，亦以為：

2　見商務版錢著《四書題解及其讀法》。

孟子之主性善為「順情」，渠以性與情，本一物二名，性為總稱，情其活動現象也。趙岐注：「若，順也。」（朱熹《集注》：「乃若，發語詞。」陳澧《東塾讀書記》：「乃若者，因其說而轉之之詞。」並誤。）順，即〈杞柳章〉「順杞柳勿戕賊」之順，蓋謂人性本善，不必屈揉造作施為，但能順其情而勿逆之，即成為善人矣。

胡氏編著之《孟子本義》（正中版）則逕曰：

性、情、才，三字同義，均指人身本具資質。《荀子·正名篇》：「情者，性之質也。」揆諸文義，良非誣也。

綜上所述，吾人可知「乃若有情」之「情」字，既可訓為「實」，則「乃若」之「若」字，自應訓為「順」矣。至句首「乃」字，王引之《經傳釋詞》亦曰：「發語詞也。」愚意作發語詞固可，作代名詞亦未嘗不可，蓋孟子以師長答弟子之言，逕作譬喻之語氣，為之解說曰：「汝若順事實所觸發之至情以待人接物，則可以為善矣。」辭意均達，亦知孟子論性善非馭空之談，必「相人偶」而後有「仁」，似不必故作晦澀之解矣。

——《孔孟月刊》第 6 卷 11 期（1968 年 7 月），頁 11-13。

在「四書今註今譯問題」
座談會上的發言[1]

　　關於《四書》之今註以及如何用今語翻譯問題，教育文化界近多討論，而見仁見智，各有不同。本會於中華民國五十七年九月二十七日（星期五）下午，在臺北市愛國西路自由之家，邀請從事《四書》教學之中學教師，註解或翻譯《四書》之作家、學者、教授及本會理監事，共聚一堂，各抒高見，以紀念孔子二千五百一十八週年誕辰，並藉以提供今後從事譯註《四書》工作者之參考

駱建人先生（臺北高商教師）

　　甲、原則性的：

　　（一）《四書》今註今譯勢在必行，試看街頭譯本，充斥書鋪，然理想譯本誠屬罕見，多半率爾操觚，望文生義，貽誤後學匪淺。孔孟學會召集此會，意義極為重大，此次會議，不僅不能視為徒具形式之會談，更願由孔孟學會董理此事，網羅海內外碩學通儒，期能編譯出一種最正確、最權威

---

[1]　編者按：本篇篇名為本書編者所加。本篇內容摘取自《孔孟月刊》第 7 卷第 3 期所刊載之〈「四書今註今譯問題」座談會紀要〉一文，開頭的這段介紹性的文字為《孔孟月刊》原編者所加，其後則是駱建人先生在會上發言的內容紀要。

之《四書》詳解讀本，以誘發並便利青年閱讀，則大有益於文化復興運動工作矣。

（二）至《四書》義理之闡揚，昔人治學，多不主以西哲名理演述吾國古學，本人亦深服膺斯見。然仲尼之學，係祖述堯、舜，憲章文、武，而《學》、《庸》、《孟子》諸書，又皆宗師孔子，洵皆放之四海而皆準，百世以俟聖人而不惑之經典矣，牽強附會以註譯之，固屬不當，設義蘊與當代思潮吻合，則亦不妨善加引喻也。如《孟子》「得乎丘民為天子，得乎天子為諸侯」句，則不僅為「民本主義」，實已開「民主主義」之先河矣。孟子僅未提出票選之技術耳，以陽明「知行合一」之論論之，則孟子實為民主主義之祖師，不僅英之洛克，法之盧梭、孟德斯鳩晚生二千年，即古希臘之雅典會議，亦瞠乎其後矣！至孔子「惠而不費」之論，實已早具民生樂利之思想，而孟子則不僅有經濟思想，其「生產論」、「分配論」、「互助論」、「分工說」亦均與近代正統經濟學家、社會學家之見解若合符節，吾人實不當目為古學，而自陋其領域也。

乙、技術性的：

編譯工作開始時，司其事者必須旁徵博引，不能從一人一家門戶之見，無論漢之趙岐、宋之朱熹，以至清之焦循，均須取其長而舍其短，甚至歷代學者個人論集、劄記，亦當廣為蒐羅，但對《四子書》有一字一句之得，亦當鄭重採入，以求其當。茲略具實例，以資參考：

（一）就訓詁言：《孟子・告子篇》「富歲子弟多賴……」至「其所以陷溺其心者然也」。案「賴」，趙注：

「善也。」應劭曰:「恃也。」許慎曰:「利也。」朱熹曰:「藉也。」阮文達則曰:「賴即嬾。按《說文・女部》云:『嬾,懈也,从女賴聲。』賴與暴俱是陷溺其心。」焦氏循雖特崇漢學,亦云:「阮氏說是也。」愚意應、朱二氏所訓相近,而阮氏所訓為最當,蓋「陷溺」一詞,係總結前文而言,既括「賴」字於內,知非褒詞明矣,依文理類推可知。

（二）就義理而言:《孟子・梁惠王篇》「為長者折枝」句,趙注:「為長者摩折手節。」朱注:「以長者之命而折草木之枝也。」趙佑《溫故錄》曰:「《文獻通考》載陸筠解為磬折腰肢,猶今之拜揖也。」林春溥《四書拾遺》記元人《四書辨遺》曰:「舊說按摩手節……事卻迂僻不可取。……止是卑幼常用易行之禮貌,如斂乎屈膝折腰之類。」案後者二說是也。孟子常以二分法喻事,此以挾泰山超北海喻最難之事,而以鞠躬行禮喻最易而不為之事。至若為長者按摩之事,則需體力技巧,非易為者也。

（三）就考據詞章而言:愚最服膺王介甫氏讀經須融會貫通,且須旁及《本草》、小說諸書,甚至農夫織女亦可為咨詢對象之說,蓋不如是,則易穿鑿附會四子之本意也。今試以《孟子・梁惠王篇》「深耕易耨」句為例:趙注:「易耨,至易也。」高誘注:「耨,所以耘苗也。」朱注:「易,治也。」元許謙《讀孟子雜記》則曰:「易,猶淺也。此金先生說,蓋耕深,則土地疏通,而苗易發達;耘淺,則但去草而不傷穀根。」許說是也。愚出身農村,知耕耨確實如此。且就文法而言,「耕」與「耨」皆為動詞,而「深」與「淺」自皆屬形容詞矣,設依趙、朱二氏所注,句法不僅難

通，意亦未知何在。朱氏窮畢生心力，猶有此失。可見今註
今釋之工作益不容草率從事矣！

——《孔孟月刊》第 7 卷 3 期（1968 年 11 月），頁 31-32。

《孟子·梁惠王篇》「世臣」一詞本義辨疑

《孟子·梁惠王篇》：

> 孟子見齊宣王曰：「所謂故國者，非謂有喬木之謂也，有世臣之謂也。王無親臣矣！昔者所進，今日不知其亡也。」
>
> 王曰：「吾何以識其不才而舍之？」
>
> 曰：「國君進賢，如不得已。將使卑踰尊，疏踰戚，可不慎與？左右皆曰賢，未可也；諸大夫皆曰賢，未可也；國人皆曰賢，然後察之；見賢焉，然後用之。左右皆曰不可，勿聽；諸大夫皆曰不可，勿聽；國人皆曰不可，然後察之；見不可焉，然後去之。左右皆曰可殺，勿聽；諸大夫皆曰可殺，勿聽；國人皆曰可殺，然後察之；見可殺焉，然後殺之。故曰：『國人殺之也。』如此，然後可以為民父母。」

趙岐《注》「世臣」曰：「累世修德之臣。」

孫奭《疏》曰：「累世修德之舊臣也。」

朱熹《集註》：「世臣，累世勳舊之臣，與國同休戚者也；親臣，君所親信之臣，與君同休戚者也。此言喬木世

臣，皆故國所宜有，然所以為故國者，則在此而不在彼也，昨日所進用之人，今日有亡去而不知者，則無親臣矣，況世臣乎。」

張子韶《孟子傳》亦訓「世臣」為「元老大臣」，且逕釋其原句為：「所謂故國者，非謂有喬木之謂也，謂有世臣而已矣……」

歷代先儒，要皆忽視《孟子》下文「如不得已，將使卑踰尊，疏踰戚」及「進賢退不才」之本義，乃均訓「世臣」為「累世勳舊之臣」而外，並視為故國立國之要件，以致章旨不明，義理不順，余每講讀此章，未嘗不廢書而嘆也。

考本章首句，孟子逕曰：「所謂故國者，非謂有喬木之謂也，有世臣之謂也。」就文理言，「非謂」一詞，既冠於「喬木」、「世臣」之前，則此一動詞，顯為否定喬木世臣於故國之價值而用，信無疑矣！《孟子》之文「縱橫排奡，俯視一切，駸駸乎駕《左》、《國》而上之」（《蘇批孟子》彭序），「長於譬喻，辭不迫切而意已獨至……」（趙岐《孟子題辭》），朱子亦稱其「首尾文字一體」矣（《朱子語錄》）。設其本意是「世臣」而非「喬木」，則胡不逕曰：「非謂有喬木之謂也，乃有世臣之謂也。」一貶一褒，加一「乃」字，則涇渭立見，觀《孟子》全書，設其意在此而不在彼，寧有如此曖昧之句乎？

且「非謂」一詞，近人孫云遐所著《孟子分類選注》曰：「謂，疑是衍文，或借謂為『為』字。」王引之《經傳釋詞》、吳昌瑩《經詞衍釋》於「謂」字集釋雖未引《孟子》此句，而考其義實通，以是，則「非謂」即「非為」

矣！否定語意益見肯定。然趙氏岐曰：「……人所謂是舊國
也者，非但見有高大樹木也，當有累世修德之臣……」孫奭
《疏》曰：「人所謂舊國者，非謂有高大木而謂之舊國也，
以其有世世修德之舊臣也。」朱熹則曰：「……此言喬木世
臣皆故國所宜有，然所以為故國者，則在此而不在彼
也……」揆諸諸先儒之意，要皆視喬木為故國之所不必有，
而世臣則為故國所必不可無也，因附以己意。撇「非謂」一
詞不論，強解如此，不僅文法難通，就全章義理而言，亦覺
未能一貫也。

案「故國」一詞，前儒既訓為「舊國」矣，《詩》不云
乎：「周雖舊邦，其命維新。」蓋此維新之新，當指新人新
政而言，以故舊之國，積習多矣，不能僅賴喬木世臣，必需
起用新人新政而圖強，孟子力倡仁義，特重民本，對寡恩之
君則可視之如寇讎，對殘暴之君則可誅之如獨夫，對不能禦
災捍患之社稷則可變置，何獨睊睊於此「世臣」，而許為故
國必不可無之基石哉？

復考孟子答齊宣王，時齊廣袤千里，兵力萬乘，有力伐
燕之大國也，非疵亂之國可比。「如不得已」（此如不得已，
朱子訓為「謹之至也」，余以為未然，此如不得已，蓋指世
臣不易得上材之選也。），則使「卑踰尊，疏踰戚」，蓋欲齊
王拔非常之才，行非常之政也。非常之政為何？仁義之政
也。孟子不引《書》為言乎？「若藥不瞑眩，厥疾不瘳。」
孟子既許齊王行新政矣，自勉齊王無視於喬木之壯觀也，無
視於世臣之閥閱也。蓋孟子既倡民貴君輕之說矣，何獨厚於
世臣哉？禹、湯、文、武之子孫，桀、紂、厲、幽之不肖，

孟子尚且疾視之，何獨特重有賢有不賢、仰賴先世功勳之世臣，使其備位伴食哉？故後文遂有「如不得已，將使卑踰尊，疏踰戚」之說也。如視世臣為國之基石，則本章前後矛盾互見，實已不能自彌其說矣！

國、高二氏，亦均為太公望之裔，世為齊之上卿，堪稱齊之世臣代表矣。雖間有賢人出，然尚未聞有佐命立功之臣如管仲、晏嬰者也。且景公登牛山，傷人世無常，安樂不能永享之際，以韓嬰所記，國、高二子，適為諂諛之臣矣。《韓詩外傳》所載，與《晏子春秋》所載艾孔、梁丘據之名雖互有不同，其內容亦與經義不相比附，惟所載均雜引古事古語，未必全誣，縱史實未必真有其事，然亦可見西漢之儒視戰國之世臣為何如矣！其果如後儒所見之世臣哉？

且夫孟子時客於齊，將欲出仕以行道也，聖人立說，固不必為一身計，然此「世臣」之說，豈非示齊王念勳舊以逐客乎？孟子平素所稱述諸賢，如「舜發於畎畝，傅說舉於版築，膠鬲舉於鹽，管夷吾舉於士，孫叔敖舉於海，百里奚舉於市」，此皆平素修其天爵而人爵踵至者也。當其隱身荒僻，非僅與世臣者流無葭莩之親，且多衣食難周而身未自由者也。孟子稱之，厥惟重其才德而已，初未視其門閥也。孟子如重門閥，又何得有「說大人，則藐之」之說哉？

無位謂之卑，不親謂之疏，孟子既主卑踰尊，疏踰戚，唯視才德之良否，復以民意為依歸，實亦無視世臣之位矣，又何得云必有勳舊之臣以為國本之說哉？

案「世臣」一詞，固當訓為「累世勳舊之臣」，然決非孟子所稱許之「大臣」，「累世勳舊」，固為「世臣」之出

身，然孟子不予重視，蓋已於下文見之矣。

原書不有云乎？「王無親臣矣，昔者所進，今日不知其亡也。」按此「親臣」，愚意非謂世臣（朱子亦訓兩者不同），乃謂齊王可以親近託命之臣也。「昔者所進」，朱子注「昔者」為「昨日」，愚以為何其促也。按此「昔者」，應為「往昔」，「往昔」一詞，云為宣王早年起用之親臣可也，云為景公、桓公時起用之世臣可也，云為太公時所起用之世臣亦無不可也。而此世臣，世襲爵祿，門第雖承勳舊之光，然皆養尊處優，不能盡心君國之事，不能為王之「親臣」，故有「今日不知其亡也」之句。此「亡」之「亡」，乃至世臣無一策一功之見，非云「人之亡失」之「亡」也。齊國非弱，其能無力扼止逋逃乎？故下文宣王乃有「吾何識其不才而舍之」之問也。總此全章前段之文，但從義理文法索尋，孟子本意，謂非為貶斥世臣之說，吾未之信也。

復案《孟子·告子篇·無惑乎王之不智也章》（本章所稱之「王」，據考「疑指齊宣王」矣）孟子有曰：「……吾見亦罕矣，吾退而寒之者至矣。」此寒齊王者，非指世臣而為誰歟？即以國氏、高氏而言，《廣韻》引《姓苑》云「皆太公之後，世為上卿」，齊之公族，世代罔替，未聞終齊國有貶黜之說，實則齊貴戚之卿之人才，至斯時實已式微矣，故為孟子所不屑，勉齊王依國人意，進賢退不可，一反一正，首尾呼應，層次井然，而《孟子》原書其餘篇章類此體例正多，何獨於此章竟碎裂文義以強解之，用囿孟子之思想哉？

——《孔孟月刊》第 7 卷 10 期（1969 年 6 月），頁 23-24。

《論語・子罕篇》「未見其止也」「止」字臆解

《論語・子罕篇》：

> 子謂顏淵曰：「惜乎！吾見其進也，未見其止也。」

包氏咸曰：「孔子謂顏淵進益未止，痛惜之甚。」邢氏昺《疏》曰：「此章以顏回早死，孔子於後嘆惜之也。孔子謂顏淵進益未止，痛惜之甚也。」朱氏熹《集註》曰：「進、止二字，說見上章。顏子既死，而孔子惜之，言其方進未已也。」劉氏寶楠《論語正義》曰：「《說文》：『惜，痛也。』《楚辭・惜誓序》：『惜者，哀也。』皇《疏》云：『顏淵死後，孔子有此嘆也。』」

本章「止」字一辭，漢儒未下界說，宋初邢《疏》，亦無定詞，至朱氏《集註》，乃有明論。所謂「進、止二字，說見上章」者，蓋指「譬如為山，未成一簣，止，吾止也；譬如平地，雖覆一簣，進，吾往也」一章。本章「止」字，邢氏《疏》曰：「言人之學道垂成而止，前功雖多，吾不與也。譬如為山者，其功雖已多，未成一籠而中道止者，我不以其功多而善之。」朱氏自註曰：「《書》曰：『為山九仞，

終虧一簣。」夫子之言，蓋出於此，言山成而但少一簣，其止者，吾自止耳！」

　　劉氏《正義》引《荀子・宥坐篇》曰：「孔子曰：『如垤而進，吾與之；如丘而止，吾已矣。』即此章異文。」尋繹辭意，先儒已明訓此「止」為「已」，亦即「自畫」之意矣！朱氏以此「自畫」之「止」，以解「未見其止也」之「止」，後世註釋家似未見新解，邃但曰：「顏淵能語之而不惰，故見其進，未見其止。」（見蔣伯潛《廣解四書》）乃多逕譯為「停止」矣！一唱百和，未見其誤！

　　考朱氏之學，訓詁而外，實開義理之先河，惟於此章，實難圓洽，「惜乎」一辭，劉氏已訓為「痛」為「哀」矣！其夫子之責宰我之自畫，而竟哀痛顏子之未能自畫乎！其夫子竟有忮害顏子之心乎？慮顏子之出己乎？不則何以未見顏子自畫而「惜」哉？顏淵之死，夫子哭之慟，蓋傷其秀而不實，悲弘道者繼起無人，今此章如逕解夫子作此曖昧之「惜」，寧非厚誣聖人者乎？

　　案此「止」字。

　　《說文》：「下基也。象艸木出有阯。」段注：「止，象艸木生有阯；屮，象艸木初生形；屮、象草過屮枝莖益大；出，象艸木益滋上出達也。」揆其本義，「止」、「之」可通，引伸之，自可訓為「至」。《詩・泮水章》「魯侯戾止」，「止」訓為「至」，蓋即《大學》「止於至善」之「至」也，亦即「止於至善」之「止」也。大學之道，「在明明德，在親民，在止於至善」，朱熹《集註》曰：「止者，必至於是而不遷之意，至善則事理當然之極也。」此則指「止」為動

詞，為進入「至善」之過程。然《大學》又曰：「知止而后有定，定而后能靜，靜而后能安，安而后能慮，慮而后能得。」得者何？德也！內得於己，外得於人乃謂之德，此修德之本乃在「知止」，則此「止」已含「至善」於內而非僅動詞明矣！以此為訓，可知夫子之「惜」，蓋痛顏子之未能止於至善，未入登峰造極之境者一也。

或曰：「顏子心不違仁，居陋巷，簞食瓢飲，不改其樂，不遷怒，不貳過，夫子稱之；有若無，實若虛，犯而不校，曾子美之。」孟子且論其與禹、稷同道，今云顏子未止至善，豈不失之峻刻歟？

此亦不然矣！

《荀子‧儒效篇》論學之階曰：「行之，曰士也；敦慕焉，君子也；知之，聖人也。」故儒者修養歷程，必先「行法至堅，不以私欲亂所聞」，始可為勁士；「博聞多志而讓，敦善行而不怠」，始可為君子；必「無美不臻」、「積善而全盡」，始可得為聖人！蓋大學之道，「明德」為始，「親民」為用，而「知止」為終，蓋修己以待人，亦正積學以用世也。夫子許顏子可行可藏，正惟逢斯亂世，不得不示門人重視出處進退之方耳！此其夫子之本意哉？夫子之隱，斷非荷蕢、接輿、長沮、桀溺、荷蓧丈人之輩消極為隱而隱之隱也。「隱居以求其志，行義以達其道」，知夫子向慕伊尹之用世亦明矣！惜未遇其時耳！夫子一生，立德為本，功雖不遂，而教垂萬世，故乃尊為至聖，宰我視之「賢於堯、舜」，子貢、有若尊之「生民未有」，顏子之德，則幸賴《論語》以流傳，中道殂謝，此蓋夫子痛惜其未能止於至善者二

也。

考顏子一生，《史記・仲尼弟子列傳》記顏子曰：「魯人也，少孔子三十歲……回年二十九，髮盡白、蚤死！」餘則多述《論語》所記為顏子立傳，本篇不予備載。《孔子家語・弟子解》曰：「顏回，魯人，字子淵，年二十九而髮白，三十一早死……」〈弟子行〉記「子貢答衛將軍文子」曰：「夫能夙興夜寐，諷誦崇禮，行不貳過，稱言不苟，是顏回之行也。」顏子卒年，史遷與《家語》互異，然其間差距，不過四年耳！以而立之年，自難幾於聖。《初學記》論「聖」：引《書》曰：「聖作則。」引《易》曰：「備物致用，立功成器，以為天下利。」引《禮記》曰：「洋洋乎發育萬物。」顏子固未能至於斯境，故徐氏堅目之為「賢」，舉魏高貴鄉公〈顏子論〉、後漢彌衡〈顏子碑〉文以美之，未敢遽以為聖也。此則夫子痛惜顏子未能止於至善者三也。

孟子雖云禹、稷、顏子同道，僅云易地皆然，同道而已，非謂顏子即有禹、稷之功德也。且元聖如禹，夫子僅許為「無間然」之人君而已，尚未能比肩堯、舜之德也，而堯、舜之道統，胥賴夫子發揚而光大之。宰我以孔子賢於堯、舜，昌黎以孟子功不下禹，則是夫子成就，似高於禹，顏子之賢，自難擬於夫子，亭林推崇顏子，僅云其幾乎聖，未便許之為聖，此蓋夫子痛惜顏子未能止於至善者四也。

《論衡・書虛篇》，譏評傳書或言「顏子侍夫子登於泰山，能與夫子視及吳閶門外白馬，顏子竭其目力，下而髮白齒落，遂以病死」之謬，義理明當。然顏子實亦自有「欲罷不能，既竭吾才」之嘆，終竟不幸而早逝，無怪後人附會成

說也。徒負聞一知十之才，徒予夫子「天喪予！天喪予」、孟子「然而無有乎爾」之嘆！實惟夫子見其「明德」已深，未能「親民」、「止於至善」為痛。崔氏東壁《考信錄》曰：「蓋顏子之造詣已深，假之以年，聖道不患不昌明於世，不幸早沒，故孔子以為『喪予』！孟子以為『無有』也。」

　　總此以觀，則夫子慟顏子早世，僅見其德業精進而未見其登峰造極為憾，設訓「未見其止」之「止」為「止於至善」之「止」，不亦宜乎？又何需上章「自畫之止」為訓，徒貽後學者之惑也耶？！

　　——《孔孟月刊》第 8 卷 8 期（1970 年 4 月），頁 16-17。

《論語・為政篇・季康子問使民敬忠以勸章》「勸」字商榷

《論語・為政篇》：

> 季康子問曰：「使民敬忠以勸，如之何？」子曰：「臨之以莊，則敬；孝慈，則忠；舉善而教不能，則勸。」

本章末句「勸」字，魏何晏注引東漢包氏咸曰：「舉用善人而教不能者，則民勸勉。」宋邢昺依此疏曰：「君能舉用善人，置之祿位，教誨不能之人，使之材能，如此則勸勉為善也。」邢氏復疏曰：「於時魯君齷食深宮，季氏專執國政，則如君矣，故此答皆以人君之事言之也。」

朱熹《集註》曰：「善者舉之，而不能者教之，則民有所勸而樂於為善。」按：「有所勸而樂於為善。」揆諸語意，朱子殆亦以「勸勉」解此「勸」字。清劉寶楠氏《論語正義》未作新解，近人蔣伯潛氏《廣解四書》亦因仍舊說，經注家要皆解說如此，所見雷同，疑似鐵案如山矣，而覽諸字書，亦不無異說焉！

一、許氏《說文》：「勸，勉也。」段氏玉裁注曰：「《廣

韻》曰：獎勉也。按勉之而悅從亦曰勸。」然亦未明指本章「勸」字可作「悅從」之說也。阮元《經籍籑詁》暨朱駿聲《說文通訓定聲》於「勸」字則均無「悅從」之訓。丁福保氏《說文解字詁林》曰：「勸，勉也。从力藋聲，去願切……《論語》『舉善而教不能，則勸。』」則丁氏所採仍為經注家所主「勸勉」之意。

二、清《康熙字典》釋「勸」字曰：「悅從也，《論語》：『舉善而教不能，則勸。』」此當為較早以「悅從」釋本章「勸」字，惟未載注自何出。

三、中華書局《中華大字典》注曰：「勸，悅從也。（《論語・為政》）舉善而教不能，則勸。（段玉裁云：勉之而悅從亦曰勸）」此則明言所解來自《說文》段注者。該局印行之《辭海》則仍訓本章「勸」字為「勸勉。」

四、商務印書館印行之《辭源》釋「勸」曰：「悅從也。（《論語》：舉善而教不能，則勸。）」惟亦未載明訓為「悅從」出處。

五、華岡《中文大辭典》釋曰：「悅從也（《說文》段注）。勉之而悅從亦曰勸（《論語・為政》：舉善而教不能，則勸。）。」是亦明言出自段注。

六、正中《形音義綜合大字典》釋曰：勸：從；悅從。例：「舉善而教不能，則勸。」（《論語・為政》）說同前書，然亦未言注自何書而出。

案以「樂」訓「勸」者，字書尟見。余於《北堂書鈔》見引《春秋》襄公二十六年《左氏傳》曰：「古之治民者，勸賞而畏刑。」復按杜預注曰：「樂行賞而憚用刑。」此最

早訓「勸」為「樂」而近悅意者也。以「悅從」訓「勸」者，當自段氏（玉裁）始。而以「悅服」解本章「勸」字者，字書而外，經注家未見溥用，致坊間教本，要皆以「勸勉」立言。前述字書，雖多以「悅從」釋「勸」，《康熙》甚且較段注為早，以未見經傳，學者或以為乃出早期字書主編之私見，繼事編述者，亦唯踵事增華，未加考索，遽然賡續錄存，乃不敢貿然引用，真知灼見，沒而不彰，紹聖至言，未蒙博采，竊有嘆焉，乃不能無述也。

案本章「勸」字，訓為「勸勉」，未妥之處有二：

一、本章季康子問使民三事，從包氏咸注，則為「使民敬其上，使民忠其上，使民相互勸勉」，似均不背季康子問「使民」之旨，然仔細推敲，則疑竇生焉！夫使民「敬上」，「盡己為上」可矣！曰使民「勸善」，則國有司徒，鄉有師、大夫。孔子主「舉善」何為？充庠序以教鄉民也。舉善而教不能，不能者，下愚之民也，對下愚，期其「勸勉愧恥以行其言」（見《禮記・表記》）可矣！蓋民可使由，不可使知（《論語・泰伯》，意依朱註），又何能訓其互相勸勉，以干政教之事？而與夫子「天下有道，則庶人不議」（《論語・季氏》）、「不在其位、不謀其政」（《論語・泰伯》）之道不侔耶？

謹案夫子「庶人不議」一辭，劉氏寶楠《正義》曰：「《說文》：『議，語也。』《廣雅・釋詁》：『議，謀也。』《詩・北山》：『或出入風議。』是謀論事為議也。方氏觀旭《偶記》云：『議者，圖議國政。』倘云私議君上之得失，則庶人傳語，正是先王之制，王者斟酌焉。而事行不悖，豈

得謂非其道？」……況有道之時，野無遺賢，俊傑在位，王公論道經邦，自不下資於庶人之微。《春秋傳》齊定姜曰：『舍大臣而與小臣謀，一罪也。』鄭子國曰：『國有大命，而有正卿，童子言焉，將為戮矣！』冉有曰：『君子有遠慮，小人何知？』竝言古之正法。」又曰：「俱是無道之時，庶人之議，得聞於世者也。」由此亦可窺見季氏所問本義惟以鞏固上位為主，初未冀民能互相勸勉，而夫子亦鄙薄其人，亦未肯遽以其大同至道為答也。

復案《論語》「不在其位，不謀其政」章，劉氏寶楠《正義》曰：「謀，謂為之論議也。下篇曾子曰：『君子思不出其位。』《孟子・離婁》云：『位卑而言高，罪也。』《禮・中庸》云：『君子素其位而行，不願乎其外。』又云：『在上位，不陵下；在下位，不援上。』並與此文義相發。」覽此二章，發其微旨，是皆孔門重視禮制之說也。夫子向主禮治，能謂於此章竟主庶民踰分行勸勉政教之事乎？此事理未合者一。

二、上述引包氏注：「使民敬其上，使民忠其上，使民相互勸勉。」余獨異包氏於「敬其上」、「忠其上」之餘，何獨不續云使民「悅服其上」，以遂季康子問「使民」之旨也。蓋邢氏疏此章亦明曰：「季氏專執國政則如君矣！故此答皆以人君之事言之也。」季氏所問三事，乃在鞏其權位，處處使民服己，目的亦在私在己，自無心遠及民人相互勸勉之事也。夫子窺其心意，乃逐以「敬上」、「忠上」、「服從其上」對之，三者均以「上」為中心，以遂其所問，圓融同洽。何獨於三事中，陳兩者對上，而又陳季氏所不能及之對

下之事，以不愜其心願耶？故余私意以為：敬，期其敬上畏法；忠，期其盡己存分；勸，期其心悅誠服，故夫子言舉善者以教未知敬者、未知忠者，且使之悅服也。三者均為狀其心理狀態。辭直義順，設強釋之敬君、忠君而外，轉之使之互勉，匪特語意不通，且文辭亦不能理氣一貫也，此文法不合者二。

如訓本章「勸」為「悅從」，較妥之理由有四：

一、邢昺疏本章曰：「於時魯君蠶食深宮，季氏專執國政。」季氏懼民不附己，故數問服民之方。孔子不直季氏，曾迭以「焉用殺」、「子帥以正」、「禍在蕭牆之內」以鍼砭之，復勉康子行善，則民人自效，蓋「君子之德風，小人之德草」也。此處則勉季氏先行「莊嚴」、「孝慈」、「舉善」三事，以得民「敬」、「忠」、「悅服」是矣！又何得曲解夫子不主以君子風德化民，而主以小民之草德互化耶？

二、按本章之前，即為〈哀公問章〉（哀公問曰：「何為則民服？」孔子對曰：「舉直錯諸枉，則民服；舉枉錯諸直，則民不服。」），賡即本章季康子問「使民」矣！兩章互訓，以經解經，則經義燦然。本章所云之「勸」，即前章之「服」明矣！或曰：「《論語》為七十子後學者所記，各章自有義蘊，不能互相比從。」此亦不然矣！蓋夫子言孝，集於〈為政〉；與人論仁，〈公冶〉為多；〈雍也〉一篇，則多稱顏子之行；〈子罕〉一篇，述顏子死後，夫子嘆「未見其止」之餘，次章即興「苗亦有不秀，秀亦有不實」之嘆也。設割裂不加統屬而訓，又何從會聖人本心耶？

三、本章舉善之「善」與前章舉直之「直」相較，本章

夫子指所舉之「善」，意即謂「善人」，夫子曰：「善人為邦百年，亦可以勝殘去殺矣！」又曰：「善人教民七年，亦可以即戎矣！」（以上均見〈子路篇〉）此均可見夫子所指之「善人」，要皆有才德之人矣！至於「直」，夫子答子張問「達士」曰：「夫達也者，質直而好義。」又曰：「邦有道，危言，危行。」《廣雅》云：「危，正也。」謂據理直言無諱也，依道直行不屈也。據此，知夫子所云之「善人」、「達士」實為同義，要皆有才德之人，而弼教之士也。如此益見夫子之欲以才德之士教民而無意使之互化明矣！

四、曩讀左氏《國語・越語上篇》述勾踐伐吳之事，有曰：「果行，國人皆勸，父勉其子、兄勉其弟、婦勉其夫，曰：『孰是君也，而可無死乎！』因得滅吳。」本篇「勸」字，三國韋氏（昭）未加注釋，當時以為「勸」即「勉」矣，轉覺既有「國人皆勸」概括語辭，何得又加「父勉」、「兄勉」、「妻勉」之分述贅語耶？左氏「素臣」，為文沈懿雅麗（《國語・韋氏解敘》），即為夸辭以狀越民激厲之情，或不至是，余深惑之！及見《說文》段注訓「勸」為「悅從」之說，乃覺大獲我心，偉哉左氏之筆也！夫兵，「死生之地，存亡之道也」（《孫子兵法・始計篇》），古者出陣，其家人均環聚哭泣以送之，蓋生離死別，懼其往而不返也，今越民何以父勉其子、兄勉其弟、妻勉其夫以必死耶？以其上下均能對其君長悅服也。勾踐始敗於吳時，即葬死者，問傷者，養生者，弔憂賀喜，送往迎來，去民之惡，償民所需，尊其達士，廟禮客卿，恤其貧疾，育其童稚，臥薪嘗膽，生聚教訓，故民皆悅服，樂為之死。《孟子》曰：「可使制梃以

撻秦、楚之堅甲利兵。」是矣！越之敗吳，豈偶然哉？故勾踐伐吳之令一出，左氏以「國人皆勸」一辭以狀越人悅服心理，可謂設情有宅、置言有位之千古絕句矣，夫子以「舉善」勉季氏，亦期其用善人行善政耳！案季氏後先擅權、僭禮（八佾舞於庭、雍徹之祭）、好戰（伐顓臾）、重斂（富於周公，冉有為之聚斂）、貪欲（受齊人女樂，君臣不朝，雖季桓子所為，然亦可覘三家之政矣），夫子非之，故諷之以得人心為上也，得人心如何？非省刑罰，薄稅斂，舉善人教以孝、悌、忠、信之道而使之悅服耶？悅服之餘，乃能敬上、忠上，甚且死其上也。夫子寓意良深，曲士如余，實亦不敢妄斷，謹述所聞以就正於博雅焉！

──《孔孟月刊》第 13 卷 4 期（1974 年 12 月），頁 24-26。

孟子之大仁義即大功利說

　　孟子於戰國叔世，闢異端，距楊墨，排功利而倡仁義。然吾人欲問孟子倡仁義之目的果何在乎？曰：孟子之大仁義亦即大功利也。何以謂大仁義即大功利也？孟子不謂乎？

> 萬乘之國，弒其君者必千乘之家，千乘之國，弒其君者必百乘之家，萬取千焉，千取百焉，不為不多矣，苟為後義而先利，不奪不饜，未有仁而遺其親者也，未有義而後其君者也，王亦曰仁義而已矣，何必曰利？（〈梁惠王上〉）

孟子此語，乃答梁惠王之問「亦將有以利吾國乎」之「利」也，惠王問利之動機，蓋為梁國闢土地、充府庫、約與國、戰必克之利耳！孟子譏其見利之小，故為之標舉仁義而痛斥功利也，是豈孟子之本心哉！後儒未究孟子之旨而遽指孟子之倡仁義而昧功利，是亦不思之甚矣！

　　孟子重義輕利之旨，漢儒董仲舒已論之甚精，董仲舒曰：

> 天之生人也，使人生義與利，利以養其體，義以養其心。心不得義，不得樂；體不得利，不能安。義

者，心之養也，利者，體之養也，體莫貴於心，故
養莫重於義，義之養生人，大於利矣！（《春秋繁
露・身之養重於義》第三十一）

董氏所論，夐乎微矣，然仍以精神為重，側重唯心，鄙棄功
利，若謂最能表現孟子精神，宏揚大仁義即大功利之民生思
想者，於宋有司馬君實先生，於清則大名崔東壁先生，於當
代則江右熊公哲先生，均其人也。

司馬光曰：

初，孟子師子思，嘗問牧民之道何先？子思曰：「先
利之。」孟子曰：「君子所以教民者，亦仁義而已
矣，何必利？」子思曰：「仁義固所以利之也。上不
仁則不得所；上不義則下樂為詐也，此為不利大
矣！故《易》曰：『利者，義之和也。』又曰：『利
用安身，以崇德也。』此皆利之大者也。」
臣光曰：子思、孟子之言，一也。夫唯仁者為知仁
義之為利，不仁者不知也。故孟子對梁王直以仁義
而不及利者，所與言之人異故也。（《資治通鑑》卷
第二，周紀顯王三十三年）

今人熊公哲先生曰：

史公〈孟子列傳〉，特載《孟子》首章「何必曰利，
亦有仁義而已」云云，於篇首，以為利誠亂之始

也。其旨微，其言痛矣。……說者以為《孟子》首章，為七篇之大義，故史公三致意焉。謂《孟子》首章為七篇之大意，其說則誠然矣。抑公哲固嘗以為孟子「何必曰利」之云，亦謂不言利而利更有大焉者在耳。蓋自孔子而《論語》已有「罕言利」之文矣，又況降及戰國，舉世競尚功利，不復知仁義為何事，史公絕惠王利端之一語，可謂深得孟子立言之旨矣。而司馬溫公論孟子對梁惠王，直以仁義而不及利害，亦謂所與言之人異故也。蓋亦本史之意而推言之，要之孟子所謂仁義，固利之大者也。（熊著：〈孟子仁義與荀子禮義其辨如何〉，《孔孟學報》十六期）

熊氏復引李覯《常語》而駁之曰：

吾一不解乎宋之李泰伯氏，切切焉取《孟子》書章辨而句非之，乃至孟子對梁惠王何必曰利之一語，顧亦謂之為激，且曰人非利不生，何其沒利之甚也？近世陳蘭甫引《商君書》「所謂利，義之本也。而世之謂義者，暴之道也」云云以譏之，謂其說流於商君而不自知，允矣！（引見前）

熊氏復引崔東壁氏《孟子事實錄》中所作義利之辨曰：

孟子先義後利之旨，深切戰國時人之病，要亦古今

之通患也……聖人何嘗不言利,《易》曰「乾,元亨利貞」,曰「坤,元亨利牝馬之貞」,曰「利見侯」,曰「利見大人」,曰「利涉大川」,如是者不一而足,聖人何嘗不教人以趨利避害乎?但聖人所言,義中之利,非義外之利;共有之利,非獨得之利;永遠之利,非一時之利;此其所以異也。故曰「見利思義」,曰「因民之所利而利之」,曰「小人樂其樂而利其利,此所以而沒世不忘也」。世之人惟利是圖,而不顧義理之是非,不但損人以利己,耗國以肥家,甚至貪一時之利而致釀終身之害者,亦往往有之,可不謂大愚哉!(引見《崔東壁遺書》,《孟子事實錄》卷上,頁九)

熊氏以為崔氏所論「聖人所言,義中之利,非義外之利;共有之利,非獨得之利;永遠之利,非一時之利」數語,最足以發揮孟子深心,確為不刊之論。崔氏所論,實為發孟子之幽微,紹孟子數千年不傳之絕學也。蓋孟子仁義之利,非一地之利,非一時之利也;孟子仁義之利,實為超越時空之大功利也。

謂崔氏為鑿空立論,附會成說乎?曰非也,《孟子》七篇,其大功利之主張,所見多有,今略舉數端,以資考徵。

養生喪死無憾,王道之始也。又曰:頒白者不負戴於道路矣,七十者衣帛食肉,黎民不飢不寒,然而不王者,未之有也。(《孟子・梁惠王篇》)

「王道之始」、「未有不王者」，非仁義之政而何？「養生喪死無憾」，「黎民不飢不寒」，非計天下國家之公利（亦即大功利）而何？是知孟子所倡仁義之政者，亦即大功利之主張也。

孟子與戰國諸君論政，不惟不排斥功利思想，且力予鼓勵民生樂利主義。如孟子舉齊王論樂，孟子曰：「獨樂樂，與人樂樂，孰樂？」齊王曰：「不若與人。」曰：「與少樂樂，與眾樂樂，孰樂？」曰：「不若與眾。」孟子乃曰：臣請為王言樂——

> 今王鼓樂於此，百姓聞王鑼鼓之聲，管籥之音，舉疾首蹙頞而相告曰：「吾王之好鼓樂，夫何使我至於此極也？父子不相見，兄弟妻子離散。」……此無他，不與民同樂也。
> 今王鼓樂於此，百姓聞王鐘鼓之聲，管籥之音，舉欣欣然有喜色而相告曰：「吾王庶幾無疾病與，何以能鼓樂也？」……此無他，與民同樂也。今王與百姓同樂，則王矣。（〈梁惠王下〉）

同樣之行為，前者為小我之利，悖仁棄義，故孟子排斥之；後者為大我之利，居仁由義，故孟子倡導之，且許之為王政初階，王政者何？行仁義之政而得天下百姓之愛戴者也。

> 孟子見梁惠王，王立於沼上，顧鴻鴈麋鹿，曰：「賢者亦樂此乎？」孟子對曰：「賢者而後樂此，不賢者

雖有此，不樂也。《詩》云：『經始靈臺，經之營之；庶民攻之，不日成之；經始勿亟，庶民子來。王在靈囿，麀鹿攸伏，麀鹿濯濯，白鳥鶴鶴。王在靈沼，於牣魚躍。』文王以民力為臺為沼，而民歡樂之，謂其臺曰靈臺，謂其沼曰靈沼，樂其麋鹿魚鼈。古之人與民偕樂，故能樂也。」（〈梁惠王上〉）

齊宣王問曰：「文王之囿，方七十里，有諸？」孟子對曰：「於傳有之。」曰：「若是其大乎？」曰：「民猶以為小也。」曰：「寡人之囿，方四十里，民猶以為大，何也？」曰：「文王之囿方七十里，芻蕘者往焉，雉兔者往焉，與民同之，民以為小，不亦宜乎！臣始至於境，問國之大禁，然後敢入；臣聞郊關之內有囿方四十里，殺其麋鹿者，如殺人之罪，則是方四十里，為阱於國中。民以為大，不亦宜乎！」（〈梁惠王下〉）

園囿共享，雖大不為過，園囿獨享，雖小亦不容，此皆以仁義為中準，計利為公私而論斷也。樂民之樂，憂民之憂，憂樂與共，而後可王天下。若夫天子巡狩，督勸農工，諸侯述職，惠溥萬民，則遊豫愈多，功利愈大，治國之要也。

齊宣王見孟子於雪宮，王曰：「賢者亦有此樂乎？」孟子對曰：「有。人不得，則非其上矣。不得而非其上者，非也；為民上而不與民同樂者，亦非也。樂民之樂者，民亦樂其樂；憂民之憂者，民亦憂其

憂，樂以天下，憂以天下，然而不王者，未之有也。」

「昔者齊景公問於晏子曰：『吾欲觀於轉附朝儛，遵海而南，放於琅邪，吾何修而可以比於先王觀也？』晏子對曰：『善哉，問也！天子適諸侯曰巡狩。巡狩者，巡所守也。諸侯朝於天子曰述職。述職者，述所職也。無非事者。春省耕而補不足，秋省斂而助不給。夏諺曰：吾王不遊，吾何以休？吾王不豫，吾何以助？一遊一豫，為諸侯度。』」（〈梁惠王下〉）

視遊樂為王政，逸豫為功德，無他，與民共享也，但能公天下之利，共天下之富，好貨好色，無害王道，西哲有倡「服務為道德」之說者，可逾孟子之學乎？

王（齊宣王）曰：「寡人有疾，寡人好貨。」對曰：「昔者公劉好貨，《詩》云：『乃積乃倉，乃裹餱糧，于橐于囊，思戢用光。弓矢斯張，干戈戚揚，爰方啟行。』故居者有積倉，行者有裹糧也，然後可以爰方啟行。王如好貨，與百姓同之，於王何有？」（〈梁惠王下〉）

好貨為貪慾也，然苟與天下同之，則好貨亦為惠普天下之公德矣！

王（齊宣王）曰：「寡人有疾，寡人好色。」對曰：
「昔者太王好色，愛厥妃，《詩》云：『古公亶父，
來朝走馬，率西水滸，至於岐下，爰及姜女，聿來
胥宇。』當是時也，內無怨女，外無曠夫。王如好
色，與百姓同之，於王何有？」（〈梁惠王下〉）

好色本為惡德，苟以之成庶民室家之好，正五倫之序，使男
有分，女有歸，此〈關雎〉一詩冠於《三百篇》之首之微意
也。孟子恢宏往聖之至意，鼓勵大仁義之功利，以增進全民
之福祉，迨臻樂利安和之世，則席豐履厚，縱好貨好色，亦
不罪之，蓋寄望有為之君，正恐其不好貨、不好色也，設不
有此，何可冀其有旺盛之創造慾與企圖心耶？後儒但妄論孟
子「寡慾」、「仁義」之膚貌，何從以窺孟子經時濟世之深心
微意耶？

　　謹案：西儒邊沁（Jeremy Bentham 1748-1832，英國倫
理學家，著《政府論》、《道德及統治之原理》、《功利主義》
等書）倡功利主義，以為道德價值，在於多數人之幸福，故
力斥禁慾及感情說。邊氏「服務即道德」之價值觀，以創造
社會福利之多寡為個人生命價值評估之要件，殆亦近似孟子
「大功利」之說矣！邊氏之說，實為啟導西方文明之鎖鑰。
晚近西方學者，創造發明，互為奔競，乃有一日千里之突
破。唯物有所長，必有所短，功利主義發展之極端，乃有極
端個人主義之泛濫，創造發明之功利，既為肯定個人生命之
意義與價值之要件，則賓主易位，人本主義即告蕩然，貴物
而輕人，縱令身為區區竇人，一旦有所發明創造，則不獨享

專利、得大名、擁高位而腰多金，巍巍然且可君臨天下矣！報紙喧騰，史書列傳，即令私德不修，滿身污穢，亦不損其因創造發明而造福大眾之熠熠光輝也，此非孟子之「大宮室園囿」、「好逸豫」、「好貨好色」均不為過之功利主義而何？然孟子不逕稱功利而但言大仁義者何？蓋其已見功利之害，故以仁義之名而行功利之實也，《七篇》首章不已云乎？「苟為後義而先利，不奪不饜」，〈告子篇〉亦曰：「是君臣、父子、兄弟，去利，懷仁義以相接也，然而不王者，未之有也。」又曰：「故理義之悅我心，猶芻豢之悅我口。」夫仁義，維持生存之綱常也；功利，增進生活水準之工具也。孔子言君君、臣臣、父父、子子，魯哀公知非此雖有食而不得安享，故孟子倡「制民之產」而外，猶倡禮樂之教，則生民衣食育樂胥皆備矣。蓋仁義可以涵蓋一切功利之進行，而功利究不能取代仁義也。西方文明，已日漸偏頗沒落，吾人殊不可不知兩千餘年前孟子之大仁義主義即大功利之至意也。元許謙曰：

> 君子利己之心不可有，利物之心不可無。孟子不言利，是專攻人利己之心，絕利己之心，然後可行利物之事，然利物乃所以利己也，至於不遺君後親，而己亦無不利矣，但不可假仁義以求利耳。（許著《讀孟子叢說》卷上，頁二五六）

近儒多謂孟子唯知仁義而力排功利，不亦輕於論斷乎！

梁任公曰：

孟子之最大特色，在排斥功利主義。孔子雖有「君子喻義，小人喻利」之言，然《易傳》言「利者義之和」，言「以美利利天下」，〈大學〉言「樂其樂而利其利」，並未嘗絕對以「利」字含有惡屬性，至孟子乃公然排斥之。（梁著《先秦政治思想史》第六章，頁八五）

任公又曰：

孟子既絕對的排斥權利思想，故不獨對個人為然，對國家亦然。

又曰：

由《孟子》觀之，則今世國家所謂軍政財政外交與夫富國的經濟政策等等，皆罪惡而已，何也？孟子以為凡從權利觀念出發者，皆罪惡之源泉也，惟其如是，故孟子所認定之政治事項，其範圍甚狹。（見前著，頁八八）

以任公之淹博，對孟子之仁義主張亦竟作此皮相之論，則無惑乎孟子大功利之學千古不彰矣，任公結論雖略謂：「孟子言政，其所予政府權限並不大，消極保護人民生計之安全，積極導引人民道德之向上，曷嘗於民政有所障耶？」於孟子學說雖亦予揄揚，然對孟子以仁義代功利之誤解，不待言而

喻矣！

今人馮友蘭亦言孟子反功利，渠論曰：

> 不過孟子雖主張義，反對利，然對於義利之辨，未
> 有詳細說明，亦未將公利私利，分開辯論，故頗受
> 後人之駁詰。惟孟子與墨者夷之辯薄葬之說，頗可
> 顯其非功利主義之主要意義。彼云：「蓋上世嘗有不
> 葬其親者，其親死則舉而委之於壑。他日過之，狐
> 狸食之，蠅蚋姑嘬之。其顙有泚，睨而不視。夫泚
> 也，非為人泚，中心達於面目。蓋歸反虆梩而掩
> 之，掩之誠是也。則孝子仁人之掩其親，亦必有道
> 矣。」（〈滕文公上〉）又曰：「古者棺槨無度。中古
> 棺七寸，槨稱之。自天子達於庶人。非直為觀美
> 也，然後盡於人心。」（〈公孫丑下〉）墨家之攻擊儒
> 家厚葬久喪，主節葬短喪，純從功利主義立論，而
> 孟子則純不從功利主義立論。厚葬久喪，對社會固
> 亦有利。「慎終追遠，民德歸厚矣。」此從功利主義
> 立論以主張厚葬久喪者也，然孟子則但謂厚葬為
> 「盡於人心」，此儒家之精神也。（馮著《中國哲學
> 史》第一篇第六章，頁一六三）

馮氏所論，殆為「見其小者」所舉之例，僅為孟子探討禮制
本源，初不足影響孟子之大功利主義，而馮氏遽以「反功
利」加之孟子，是亦管窺蠡測之見也。若夫孟子大仁義即大
功利之微意，晚近學者，亦頗有論之精確、闡之綦詳者。

胡適之先生曰：

孟子論政治，不用孔子之「正」字，卻用墨子之「利」字，然又不肯公然用「利」字，故用「仁政」二字。又曰：若用西方政治學名詞，則可謂孔子為父性政策（Paternalism），孟子為母性政策（maternalism）。父性政策要人正經規矩，要人有道德，母性政策要人享受幸福，故孟子謂：「五畝之宅，樹之以桑，五十者可以衣帛矣；雞豚狗彘之畜，無失其時，七十者可以食肉矣。」（胡著《中國古代哲學史》卷三，頁二一）

胡氏又謂：

孟子政治學說含有樂利主義之意味，是萬無可諱的，然同時又極力將義利二字區分甚嚴，孟子所攻擊之利，只是自私自利之利，蓋當時君長以營私謀利居多，此種為利主義，與利民主義絕對相反，故孟子曰：「今之事君者曰：『我能為君辟土地，充府庫。』今之所謂良臣，古之所謂民賊也。」（〈告子下〉）「庖有肥肉，廄有肥馬，民有飢色，野有餓莩，此率獸而食人也。」（〈梁惠王上〉）孟之所攻擊之「利」，乃為此種利，他所主張之「仁義」，則為最大多數之最大樂利。（前書，卷三，頁二二）

胡氏所論，可謂洞見孟學之奧旨矣！陳顧遠先生以孟子所持乃「同樂主義」，見解尤為精闢，陳氏曰：

> 孟子行仁政之方針，不外同樂主義，同樂主義亦可謂為偕樂主義，舉凡口腹慾望，美色嗜好，財寶奢念，皆非其要務，其目標唯愛百姓之愛，樂百姓之樂。

陳氏並引明儒呂留良所謂：

> 「孔子多說仁，孟子提出義字；正為戰國功利之說，淪浹人心。……推其極，只一自私自利之害，才說利，便不義；不義便不仁，……」之語，證明孟子主張人以仁義為心，便有利之結果。（陳著《孟子政治哲學》第五，頁七四、七五）

陳氏又曰：

> 孟子之主張，以仁義為前提，仁義之結果，自有極大之快樂，非因快樂之故而行仁義也。蓋孟子為儒家一派，孔子講正名主義，孟子因其主義而變為仁義鼓吹，因時地之宜，欲遂行其學說，未免加以與民同樂之色彩，然其根本之主張，仍為正其誼不謀其利，明其道不計其功。若夫由正誼而得之大利，由明道而生之大功，均為自然而然之結果，非正誼

之先即有謀利之希望，明道之先即有計功之野心，
故與霍布士（Thomas Hobbes 1588-1677 英國哲學
家、政治家，謂人間行為全以追求快避苦為歸）之
樂利主義（Utilitaranis）絕不相容也。（陳著《孟子
政治哲學》第五，頁七六、七七）

陳氏所論，雖未逕言孟子為功利主義，而但云其為同樂主
義，然陳氏已再三辯明孟子之同樂主義與英哲霍布士所持之
利己樂利主義絕不相容，認定孟子學說以仁義為質，功利乃
其自然產物，則陳氏以孟子之大仁義即大功利之認定，實亦
不容置疑矣。

　　謹案：陳氏《孟子政治哲學》一書，成於民國九年，頗
受知於瑞安林公鐸先生，其對孟子樂利思想之分析，實較任
公為精確，且可與績溪胡先生論孟子為「母性政策」之見互
相發明。今人羅根澤氏著論特別推重此書，想見此著當年確
為歆動一時之作也，蓋羅氏亦以孟學非空談心性之學，乃修
身、治國、經世致用之學也，陳氏論見之被推重，不亦宜
乎！

　　羅根澤曰：

近吾師新會梁先生著《先秦政治思想史》，於孟子修
齊治平之學，多所昌明，陳君顧遠更著《孟子政治
哲學》，專言孟子政治。而舉世方驚於戮歐菱古，雖
剴切言之，而聽而信者誰歟！（羅著《孟子傳論》，
頁九五）

又曰：

> 孟子之學，修身治國經世致用之學也，非空談心性
> 之學也，其論心性體相，為修齊治平之資助焉爾。
> （前著，頁九一）

綜上所述，孟子仁義說之作用蓋有其二：（一）重天下之公利而輕個人之私利。（二）先全民之樂利而後個人之樂利。是乃犧牲享受，享受犧牲，計利而計天下利之大功利主義也。其以仁義為名，蓋自人本主義而發，是以人役物，而非以物役人也。故行之則能得供求平衡、理性約制之致；觀乎西人唯知倡言功利，擴張物慾，奇技淫巧，羅掘俱窮，導致生態失常，能源枯竭，孟子之見，不亦遠乎！

——《孔孟月刊》第 18 卷 6 期（1980 年 2 月），頁 22-26。

孔孟「義命分立說」之見理與「義命不二說」之見道層次

一、前言

　　孔、孟所認定之「天」，後世學者雖有「神聖主宰」（宗教意識及運命限制）、「形上之天」（天人相應）、「義理之天」（德化原理）、「自然之天」（生存空間）諸義詮釋，然推究其元，其認定天道即萬有皆歸於一善之理則一，因其即物論事，或傳其神、或陳其理、或明其質，喻雖多方，而其視天為德性本源，善端所在，則實後先相繼，主修人事以俟天命、以臻天人合一之境者也。後世學者，於孔、孟人事之義與天道之命之相應關係，或主「義命分立」，或主「義命不二」，見仁見智，持各有故，言各成理，形式內容，互有矛盾，誦習之餘，驚駭無已，後學聞之，大惑何解？爰不揣謭陋，排比異同，述其端倪，見其層次。

二、孟子天道思想乃承孔子「義命分立」（勞思光氏學）到「義命不二」（唐君毅氏學）之餘緒以及勞氏「義命分立」義

　　孔子認天有神性主宰義，故有「天喪予」、「知我者，其天乎」、「命也夫」之太息；與夫「天厭之」、「吾誰欺？欺天乎」之誓言；孟子亦認定天有神性主宰義，故亦有「吾之不遇魯侯，天也」、「夫天未欲平治天下也」與夫「帝、禹、益相去久遠，其子之賢不肖，皆天也」之嘆辭。然孔子以為命運固取決於上天（客觀限制），故勉吾人知命；一面又以為事功須取決於人事，故勉吾人行義（自覺主宰）。要仍勉吾人以力行。「朝聞道」是義，故能「好古敏求」、「發憤忘食、樂以忘憂」；「夕死可矣」是命，故能「不知老之將至」，樂在「疏食」、「簞食」、「瓢飲」之中，故主「義命分立」，故主「行道以俟天命」也。孟子於此，對孔子認知亦若桴鼓相應，故亦曰：「天與賢則與賢，天與子則與子。」又曰：「莫之為而為者，天也；莫之致而致者，命也。」是亦認定天命之權威。而又曰：「苟為善，後世子孫必有王者矣！君子創業垂統，為可繼也。」是又以人事之義以應天道之命矣！

　　孔、孟之天道思想於天人關係，首先區分其「命」與「義」之不同任務，對「客觀限制」（命）與「自覺主宰」（義）同時承認，亦各自劃定其領域，以吾人之自覺主宰確

立價值標準與文化理念，視一切客觀限制為質料條件，故能
「命中顯義」，而又「行義俟命」。依勞思光氏之見，故能不
從超越主宰之神權主義，亦不從自然事實之物化主義，更不
從超離現世之捨離精神，而能不奉神權，不落物化，不求捨
離，以自覺主宰之仁於自然事實中行義，乃能建立「知
生」、「事人」、「敬鬼神而遠之」之人文主義也。勞氏所議，
理直事賅，唯推其層次，似仍未臻至境，蓋仍停駐於有命、
有義、「見山是山」、「見水是水」之名物階段也。

三、孔孟「義命分立」「義命分殊」昇華至「義命不二」「即義見命」之文化層次

今儒唐氏君毅有謂：孔子言天命乃即義見命之旨，天命
為天之命令呼召，則此天原有人格神之義，〈周頌〉：「維天
之命，於穆不已，於乎丕顯，文王之德之純。」〈中庸〉
曰：「文王之所以為文也，純亦不已。」朱熹注引程子曰：
「天道不已，文王純於天道亦不已！」故天時降命及於人，
而文王亦丕顯明德以回應天。故朱子注《中庸》「致中和，
天地位焉」之句曰：「天地萬物本吾一體，吾之心正，則天
地之心亦正矣！吾之氣順，則天地之氣亦順矣！」亦即「即
義見命」之理念，故吾人如行而無義則亦將無天命之謂也。

蓋人生遇合，莫非天命，朝陽命我晨興，繁星命我夜
寐，而光陰命我老死，誠如莊子所言：「大塊假我以形，勞
我以生，佚我以老，息我以死。」以此而言，則生自命我

勞，老自命我佚，而死自命我息，皆命義也，亦皆義義也。故凡自然之事而合當然者，皆義之所存，亦天命之所在。蓋天何所不在？命何所不降？則義何所不存？義又何時不新？故天時降新命於我，而亦同時是我之所自命於我，如為孝子、為慈親，皆我之自命於我者。然吾人不可僅云為「自命」，因無我，固無此自命；無我之遇合，亦無此自命。則凡可說為自命者，若忘我以觀之，皆可謂我之遇合之所以遇我，亦即天之所以命我，以此可謂我之有命，乃我與我之此自命相遭遇，亦我與天之所以命我相遭遇。我以自覺主宰之義以實踐此當然之自命，為我對此自我之回應，亦即為我對天命之回應也。

孔、孟即義見命之偉大發明，在於破除傳統迷信色彩之宿命論。《易・革卦・彖辭》曰：「天地革而四時成，湯、武革命，順乎天而應乎人。」桀、紂殘民，逆天之命也，湯、武苟助之，亦逆天之命也。故桀、紂雖亦有命有位在，而湯、武則敢以抗桀、紂之天命而逆應之，適足以見湯、武即義以見天命真正意向之所指也。故孔、孟以天之正命則順應，天之亂命則逆應之，標準為何？義與之比是也。

故天之將降大任於我，苦我心志、勞我筋骨、空乏我身，使我為田夫、為泥工、為販夫、為囚、為竄民、為奴，而我則於動心忍性中增益向所未備之能力，力行仁義以回應天命，而為聖君、為賢相、為功臣、為名士；為舜、為傅說、為管仲、為百里奚。此尚有「義命分立」以人事之得失義扭轉天命義，此尚存功利在目，「見山是山，見水是水」之現世價值義。

　　若夫孔子之「長處樂」與「久處約」,「樂天知命故不憂」、「君子憂道不憂貧」、「知其不可為而為之」,則「用之則行」固是義,「舍之則藏」亦是義,故「隱居以待時」是行義以順命,「隱居以待天命」是順命以行義。則凡事只問一義之當否,不見生死與成敗。故成功為忠臣是義,失敗為烈士亦是義;生為行仁固是義,死為盡節更為義。因之義不因生死成敗而稍減其光芒,而命則因義之貫徹而更見其光彩。孔子道窮,命也;孔子固窮,義也;以固窮之義,而光大其道窮之命,德配天地,道貫古今,以素王之尊而為萬世師表,世人可以不見帝王卿相之尊而無人不知孔子,則此不朽之精神生命之價值,與世俗之及身榮樂之價值觀果何如耶?

　　孟子鑒於此,亦自義命分殊提升至即義見命,蓋生(命),我所欲也(現世之命、公卿大夫、短暫血肉之命);義,亦我所欲也(超越之命、仁、義、忠、信、永恒精神之生命)。二者不可得兼時,則舍此短暫血肉之生命,以換取超越永恒大我生命之義也!以此而有孔、顏之悅樂精神!以此而有文信國公「鼎鑊甘如飴」美化死亡之境也。故「義命分立」尚局限於「見山是山」、「見水是水」之現世文明層次中,而「義命不二」則為「見山不是山」、「見水不是水」;而又「山仍是山」、「水仍是水」之絕高文化之境界也。唐氏「即義見命」之正見,確為見道之至言。吾人準此以自修,乃能「素富貴行乎富貴,素貧賤行乎貧賤」,乃能「無入而不自得」,乃能「居易以俟命」,乃能「慷慨以成仁」,乃能「從容以赴義」,乃能「正其誼不謀其利」,乃能「明其道不

計其功」，乃能「夭壽不貳」以立命！孔、孟「義命不二」
文化理念之高深邃密，可謂夐且遠大矣。

四、孟子之盡心知性以知天到天人合一
之境界

　　孟子曰：「盡其心者，知其性也；知其性，則知天
矣！」趙岐注曰：「性有仁、義、禮、智之端，心以制之，
惟心為正，人能盡極其心，則可謂知其性矣，知其性，則知
天道之貴善者也。」朱子《集註》曰：「心者，人之神明所
以具眾理而應萬事者也，性則心之所具之理而天又理之所從
以出者也。」戴震《原善》云：「耳目百體之所欲，血氣資
之以養，所謂性之慾也，原於天地之化者也，是故在天為天
道，在人咸根於性而見於日用事而為人道，仁義之心，原於
天地之德者也，是故在人為性之德……秉之以協於中、達於
天下，知其自然，斯通乎天地之化；知其必然，斯通乎天地
之德。」牟宗三先生謂孟子之天為形上之天，亦為德化之
天，即本於此。蓋孟子以禮義法度皆由天出，亦即皆自吾人
性分中出，故謂人與天合其德，故謂「上下與天地同流」，
故謂「萬物皆備於我矣，反身而誠，樂莫大焉」也。唐氏君
毅謂孔、孟於天道人事為「即義見命」之言，實為知義、知
命、見道之至言也。

　　　　　　──《孔孟月刊》第 21 卷 6 期（1983 年 2 月），
　　　　　　　　　　　　　　　　　　頁 20-21、24。

儒家思想概說

一、「儒」及「儒家」

「儒」，許氏《說文》：「儒，柔也。」段玉裁引鄭氏《目錄》云：「〈儒行〉者，以其記有道德所行也。儒之言優也，柔也，能安人，能服人。」朱駿聲《通訓定聲》引《禮記·儒行》《釋文》：「儒之言優也、和也；言能安人，能服人。」又《禮記·儒行》疏：「儒，濡也，以先王之道能濡其身。」《禮·玉藻》注曰：「舒儒者，所畏在前也。」揚子《法言》：「君子通天、地、人曰儒。」王充《論衡》：「超奇能說一經者為儒生。」許氏又曰：「術士之稱。」《周禮·天官·太宰》：「儒以道得民。」注曰：「儒有六藝以教民者。」〈地官·司徒〉：「四曰聯師儒。」注曰：「師儒，鄉里教以六藝者。」《論語·雍也》子謂子夏曰：「女為君子儒，毋為小人儒。」朱子《集註》：「儒，學者之稱。程子曰：君子儒為己，小人儒為人。」《禮記·儒行》孔子答魯哀公曰：「儒有忠信以為甲胄，禮義以為干櫓，戴仁而行，抱義而處，雖有暴政，不更其所，其自立有如此者。」《荀子·儒效篇》曰：「邪說畏之，眾人媿之，通則一天下，窮則獨立貴名，天不能死，地不能埋……非大儒莫之能立，仲尼、子弓是也。」又曰：「法先王，統禮義，一制度，以淺持

博，以古持今，以一持萬，……是大儒者也。」儒之大意，略見如上。至若儒而成家，衍為宗派，則班孟堅《漢書・藝文志》曰：

> 儒家者流，蓋出於司徒之官，助人君順陰陽、明教化者也。游文為六藝之中，留意於仁義之際，祖述堯、舜，憲章文、武，宗師仲尼，以重其言，於道為最高。孔子曰：「如有所譽，必有所試。」唐、虞之隆，殷、周之盛，仲尼之業，已試之效者也……。

又長孫無忌、魏徵《隋書・經籍志》曰：

> 儒者，所以助人君明教化者也。聖人之教，非家至而戶說，故有儒者宣而明之。其大抵本於仁義及五常之道，黃帝、堯、舜、禹、湯、文、武，咸由此則。《周官・太宰》以九兩（兩，耦也。所以協耦萬民。九兩，謂使諸侯與民相會耦有九事也。）繫邦國之人，其四曰儒，是也。……仲尼祖述前代，修正六經，三千之徒，並受其義。至於戰國，孟軻、子思、荀卿之流，宗而師之，各有著述，發明其旨。所謂中庸之教，百王不易者也。

綜以上所述，則儒家之學，則在六經、諸子；儒家之行，則在、仁、義、禮、智，今試分章述其宗派，索其源流。

二、儒家之分裂及經學子學發展之過程

六藝之書，就諸子而言，本亦非儒家所得而專，故《莊子‧天下篇》嘗言曰：

> 古之人其備乎！配神明，醇天地，育萬物，和天下，澤及百姓，……其在於《詩》、《書》、《禮》、《樂》者，鄒魯之士搢紳先生多能明之。《詩》以道志，《書》以道事，《禮》以道行，《樂》以道和，《易》以道陰陽，《春秋》以道名分。其數散於天下而於中國者，百家之學，時或稱而道之。

蓋經之起源，始於孔子之刪《詩》、《書》，定《禮》《樂》，贊《周易》，作《春秋》。故龔自珍有言：「仲尼未生，先有六經。」夫子亦自言：「述而不作。」大抵六經資料，古聖所傳，惟蕪雜不事翦裁，夫子特加編列次第，去其繁複異端而已！故六經資料，乃亦為百家思想之本源，班孟堅所謂：「諸子十家，合其要歸，亦六經之支與流裔也。」近人馬一浮先生甚且謂：「國學者，六經之學也。」蓋以為六藝可以該攝諸學，諸學則不能該攝六藝，乃楷定國學為六藝之學也。其餘至謂老氏源於《易》學，法家祖於《禮經》，亦不可謂為無稽之談也。惟六經雖非始於孔子，然有藉夫夫子所刪，有藉夫夫子所增，不可謂非夫子思想之結晶，故孟子譽之為集大成，而尊孔者靡不尊經。故六經之文，乃成為儒家

施教之瑰寶，不刊之準則矣！迄孔子之沒，七十子之徒，若子夏、子游、子張，僅有聖人之一體；若冉牛、閔子騫、顏淵之篤厚具體，而惜乎其微淺未止至境。故《韓非子・顯學篇》有：「有子張之儒，有子思之儒，有顏氏之儒，有孟氏之儒，有漆雕氏之儒，有仲良氏之儒，有公孫氏之儒，有樂正氏之儒。」──儒分為八之言也。陶淵明《聖賢群輔錄》曰：「夫子沒後，散於天下，設於中國，成百氏之源，為綱紀之儒，居環堵之室，蓽門圭竇，甕牖繩樞，併日而食，以道自居者，有道之儒，子思氏之所行也。（案：陶氏所指乃原憲，字子思，非指孔伋。）衣冠中，動作順，大讓如慢，小讓如偽者，子張氏之所行也。顏氏傳《詩》為道，為諷諫之儒。漆雕氏傳《禮》，為恭儉莊敬之儒。仲良（一本作梁）氏傳《樂》，為移風易俗之儒。樂正氏傳《春秋》，為屬辭比事之儒。公孫氏傳《易》，為潔淨精微之儒。」

惜乎兩氏之見，言略事湮，無從考其家法，一般以為直接傳孔子學術者，一為曾子、子游；一為子夏、仲弓。曾子、子游共傳《禮經》。《漢志》《曾子》十八篇，現存十篇於《大戴禮記》，子游傳〈禮運〉，為孟子大同之說之所本，故有謂孟子之學，直接受之於子思，子思受之於曾子，而間接得之於子游之說也。子夏所傳益眾，於《易》有《傳》，於《詩》有《序》。親授《詩》於高行子，四傳至小毛公（萇），或謂曾傳《詩》於曾申，五傳至大毛公（亨），而有《毛詩》。於《禮》則傳《儀禮》。於《春秋》雖謂不能贊一辭，而備為今文學家所推重之。公羊高、穀梁赤均受《春秋》於子夏。鄭康成以為《論語》為仲弓、子夏所編次。徐

防曰：「《詩》、《書》、《禮》、《樂》，定自孔子；發明章句，始於子夏。荀卿之學，傳自子夏，又私淑於子弓，非十二子以仲尼、子弓（仲弓，案：《史記・仲尼弟子列傳》：商瞿傳《易》楚人馯臂子弘。《漢書・儒林傳》則謂商瞿傳魯人橋庇子庸，子庸傳江東馯臂子弓。應劭云：『子弓，子夏門人。』則荀子所稱子弓，是否仲弓，尚有疑問。）並稱，荀子『尊君』思想，或即仲弓『可使南面』之餘風也。」

　　謹按孔門後學分裂之成因，厥因非一。七十子所見道體，大小未均，仁智互出，固其主因，而經籍所本不同，乃有今文古文之歧見，此又分裂之一因也。若今文家尊孔子為至聖，夫子作六經「託古改制」以垂教；而古文家則尊《易》、《書》、《詩》及古經制作之元聖，視「六經皆史」，孔子則僅為一「述而不作」之歷史家矣！近人四川井研廖平謂：「今學主〈王制〉，祖孔子；古學主《周禮》，尊周公。」今學主因革，古學主從周（專用周禮），此後儒分裂之又一因也。惟兩家所出資料，同出於孔子，故廖氏又倡孔子一生法古、改制、初年、晚年學術變易之說，其《今古學考》有謂：「孔子初年問禮，有從周之言，是尊王命，畏大人之言也；至於晚年，哀道不行，不得假手，須自行其意，以挽弊補偏，於是以心所欲為者書之〈王制〉，寓之《春秋》（孟子輕君，因先，或原於此），當時名流，莫不同此議論，所謂因革、繼周之事也。」傳經弟子，因受夫子之教，先後未同，乃各執一端，互有歧異，其實從周為夫子少壯之學，因革為孔子晚年之見，而二派竟因此衍成，如日月經天、江河行地，判然兩途，此又後儒分裂之另一因也。

劉師培申叔先生則又以為孔學起源於東魯，自子夏設教於西河，而儒學漸被於河朔，故魏文（侯）重其書，荀卿傳其學，三晉之士蓋彬彬矣！此又孔學自東西傳之說也。劉氏又曰：「《公羊》得子夏之傳，《孟子》得子思之傳，近儒包孟開謂〈中庸〉多《公羊》之義，則子思亦通《公羊》之學矣！子思之學傳於孟子，故《公羊》微言多散見於《七篇》之中……。」荀子之義，多近於《穀梁》；孟子之義，多近於《公羊》。故荀子之學，魯學也；孟子之學，齊學也。孟子遊齊最久，故所得之學，亦以齊學為最優，此又儒門傳經（《春秋》）分歧之一大公案也。

近人蒙文通謂：

> 言六藝者，魯人之學，非齊人之學也。以稷下先生考之，齊人之學，本以諸子為最盛。孔氏之徒，孟子、孫卿之列，偶有廁身其間者而已。以司馬談所列六家分隸之：曰鄒衍、鄒奭，此陰陽家也；曰孟子、荀卿，此儒家也；曰宋鈃，此墨家也；曰尹文，此名家也；曰慎到、田駢，此法家也；曰接予、環淵，此道家也。孟子為卿於齊，荀卿三為祭酒。孔氏之學，於時遂流入於齊，別為齊學，與魯人六藝之學有別。……魯學謹篤，齊學恢宏，風尚各殊者，正以魯固儒學之正宗，而齊乃諸子所萃聚也。此又儒家由經至子之一變也。（蒙文通《經史抉原・魯學齊學》）

蒙氏又謂：

> 《穀梁》魯學，言《禮》則與孟子符同，正以孟子
> 為魯學之嫡派也。

蒙氏為儀徵高弟，而此見則大異於師門，此無他，於學有
徵，當仁不讓也。

今人江右熊翰叔公哲先生博淹古籍，而於《荀子》致力
獨多，渠自孟、荀二家思想本體探擘，復以歷史軌跡驗證，
力主孟子所傳，乃為魯學；而荀子所受，乃為齊學，蓋魯學
傳統，「親親尚恩」；齊學家法，「尊賢尚功」。一尚仁義，一
隆禮法，稟受未同，體貌互異，未可誣也。

三、《大學》、《中庸》哲學及其問題

《大學》、《中庸》二書，亦儒家思想之重要典籍，乃朱
熹自《小戴禮記》擇出之兩篇，以關儒學薪火相傳之津梁，
故未可不略而述之。《大學》一書，涵蘊儒家倫理哲學、政
治哲學於一體。自修己、待人以至治平天下，要為內聖外王
經時濟世之學也。朱子以為經一章，孔子之言，而曾子述
之；傳十章，則曾子之意，而門人記之。然亦自以佐驗不
足，其答《大學或問》云：

> 正經辭約而理備，言近而指遠，非聖人不能及也。
> 然以其無他佐驗，且意其或出於古昔先民之言也，

　　故疑之而不敢質。

其傳文或引曾子之言，而又多與《中庸》、《孟子》者合，則知其成於曾子門人之手，而子思以授孟子無疑也。崔東壁、康有為均頗疑《大學》非曾子所作，日人武內義雄《先秦經籍考》則推定《大學》出於《孟子》、《中庸》之後，甚且認定「正心」乃受董仲舒之影響。馮芝生則又謂《大學》大部分為荀學，《中庸》大部分為孟學。一般以為《大學》「明德」為道家之言，乃後儒受道家影響者所著之書，故《大學》之書必不早於兩漢也。張心澂《偽書通考》曰：「誤認撰人。」則《大學》著者既非曾子，則孟子亦未可謂承《大學》之教矣！

　　《中庸》一書，呂思勉許為儒門最高哲學，謂於篇首「天命之謂性，率性之謂道，修道之謂教」三語可見。其作者據《史記・孔子世家》謂：「子思作《中庸》。」《孔叢子・居衛》、〈公儀〉兩篇均作此記載。唐孔穎達、宋歐陽修、鄭漁仲、朱晦庵均主《中庸》為子思所作。清崔東壁《洙泗考信餘錄》卷三曰：

　　　　《中庸》之文采之《孟子》，《家語》之文采之《中庸》，少究心於文義，顯然而易見也。乃世之學者反以為《孟子》襲《中庸》，《中庸》襲《家語》，顛之倒之，豈不以其名哉！

其所持疑端有三：（一）《論》、《孟》之言，皆平實切用，無

高深遠廣之言，《中庸》獨探賾索隱，極幽微之致，不類《論》、《孟》。（二）《論語》文簡而明，《孟子》文曲而盡，《論語》有子、曾子門人所記，正與子思同時輩，何《中庸》之文繁而晦，上去《論語》絕遠，下猶不逮《孟子》。（三）「在下位以下」十六句，亦見於《孟子》，其文小異，說者謂子思傳之孟子者，然孔子、子思名言多矣，孟子何獨述此語？馮芝生《中國哲學史》曰：「『載華嶽而不重』之言，似非魯人語，且所論命、性、誠、明諸點，皆較《孟子》為較詳明，似孟子一派後學加以發揮者，張心澂《偽書通考》曰：『撰人可疑。』」以此而論，則孟子固為曾子、子思心學之傳人，而《中庸》則非如程子所謂為子思筆之於書以授孟子之原始教材也。惟《中庸》之道，夫子推為至德，蓋堯、舜以允執厥中之德，聖聖相傳，乃為儒門之千古心法，初不以此書之撰人問題而貶損其崇高價值也。

四、儒家之學統與孟荀之地位

儒家之學統，班孟堅已言之讜矣：「祖述堯、舜，憲章文、武，而宗師仲尼。」韓退之亦謂：「堯以是傳之舜，舜以是傳之禹，禹以是傳之湯，湯以是傳之文武，文武以是傳之周公，周公以是傳之孔子，孔子以是傳之孟軻。」而堯、舜、禹、湯、文武、孔子每隔五百年見知與聞知之道體與道統，孟子亦言之備矣！蓋早期儒家，道體純一，派衍未分，雖文獻未可考徵，而於其立言、行事，猶可見其脈絡。若韓非所稱八家之儒，於今則事湮人隱，莫可考其家法。明朱睦

樨作《授經圖》，僅為述漢儒傳經之學，雖偶亦述及七十子之事，要亦語焉不詳。清萬斯同作《儒林宗派》，亦僅目名列氏之作。迨容城孫奇逢夏峰先生作《理學宗傳》，詳則詳矣，而體例則以北宋周元公敦頤為其首，次漢儒、隋儒、唐儒、宋儒、元儒、明儒，依次序列，而先秦派衍，則亦略而未言。今考其源流，則熊賜履之《學統》，董其生之《學校人物志》，孔繼芬之《闕里文獻考》，或可見其端倪乎！

熊氏《學統》有正統、翼統、附統、雜學、異學之區分。正統首列孔子，次顏子，次曾子，次子思子，又次孟子，而荀子則列雜學。董氏《學校人物志》首列孔子，固無論矣；次四配：顏、曾、思、孟。顏子早逝，道蓋未傳，若曾子、子思、孟子，則一脈相承，孟子為後儒尊為亞聖，位亦崇矣！而荀子於漢初初為顯學，宋元封七年曾封蘭陵伯，從祀孔廟，至明嘉靖九年，以言性惡罷祀。至清乾隆間猶未復祀。孔氏《闕里文獻考》述曰：「荀卿敢為〈性惡〉之論，以顯悖於聖人，而猶依附孔門，謬稱私淑，沿及漢初，迄無異說，司馬遷博極群書，乃亦不審是非，至屈孟子與荀卿同傳，嗚乎！異學之害正也。」

惟類此論評，自今日觀之，於史遷固未當，於荀子亦失公允也。蓋史家為學術作史，存其真，備其說而已！至價值取捨，胥為後學之事也。史遷承家學之餘，父談又雅好道家之術，而能獨尊孔子，推崇儒學，〈孟荀列傳〉開篇即歎美孟子以仁義代功利之遠大，史遷器識，不亦偉乎！若夫荀卿之學，雖有蔽短，而其隆禮尚義，傳經勸學，殊亦有功於儒門。蓋自夫子逝後，七十子之徒散遊諸侯，大者為師傅卿

相，小者友教士大夫，或隱而不見，故子路、高柴居衛（時夫子尚未卒，先歸魯），子張居陳，澹臺子羽居楚，子夏居西河，子貢終於齊，如田子方、段干木、吳起、禽滑釐之屬皆受業於子夏之倫，為王者師。齊威、宣之際，孟子、荀卿之列，咸遵夫子之業而潤色之，以學顯於當世，且漢興之時，荀學堪謂顯學，傳經諸子，要出荀門，史遷可而輕為軒輊乎！

五、孟荀學說概說及比較

夫孟、荀之學，俱本孔子。夫子之道，肫肫其仁，夫仁者，人之總德也。存養內心是為仁，表而出之是為禮，踐而行之是為孝，分而言之為忠恕。盡己之謂忠，處事之本也；推己及人之為恕，待人之道也。今人牟宗三先生以夫子以仁驗人性，以仁透天道，蓋有由也。夫子之道，俱存於經，今茲不贅，專述孟、荀二子。

孟子名軻，字則未聞，戰國鄒人，上距孔子之卒，約及百年，下與荀子並世，幾二十年，孔門弟子，固皆沮喪，子思之徒，亦已物故，儒家道術衰微，楊、墨之徒盈天下。是時也，墨家倡兼愛之意，法家（商鞅）主富國強兵，兵家（孫子、吳起）陳戰勝之策，道家（莊周）倡言自然，農家（許行）主並耕之說，告子謂性無善惡，仁內義外，宋牼倡見侮不辱，尚利弭爭，縱橫家又施捭闔短長之技，而時君世主，又率為急功好利之人。孟子從學於子思之門人，受儒家之業，習孔氏之書，尚友古聖，欲學孔子，距楊、墨，闢邪

說，以衛道紹聖自任，其學術大要：

　　（一）天道觀：孟子謂：「盡心知命以知天。」又謂：「上下與天地同流。」又謂：「萬物皆備於我矣，反身而誠，樂莫大焉。」故主天為義理之天、人格化之天，其性善說即以天為形上之根據，是為天人合一、一體為善之論據。

　　（二）人性論：孟子主性善，乃就人心直接感應而指證：一自無所為而為處指證，一自直接安處悅處而指證，一面自誠字出發，一面從實處安頓，其「即心言性」之人文義，可統攝「即生言性」之生物義，可分四端：
⑴以仁愛之道德性超越動物本能之食色性。
⑵以宗法主義、血統主義，以提升生命之雙向流行，以統攝功利性之子嗣觀念、動物性之色慾主義。
⑶以靈慧德化生命以踐形履質，實現自然生命，提升自然生命。
⑷以價值生命、精神生命超越肉體生命。

　　（三）倫理觀：孟子之倫理哲學，其本務論為正五倫之序。其本體論自人性之性善論出發，其要有三：⑴先天之良心論。⑵仁、義、禮、智四德固有論。⑶仁義合一均自天賦論。其實踐論之，要亦有三：⑴寡慾。⑵存夜氣。⑶存誠。其修為論之要亦有三：⑴求放心。⑵知言。⑶養氣。其倫理價值觀勉人為士、為君子、為大丈夫、為聖人。

　　（四）教育觀：孟子以主性善，故其教育哲學以存養善性，發展個性為前提，以人皆可以為堯、舜，其目標則以擴充四端恢復本性為依歸，其原則則以學者為中心，其教法則依據仁義為規矩與標準。

　（五）政治觀：孟子以人性既善，故主開放；人性本善，故主自由；人性皆善，故主平等。倡民貴君輕，大張民本；以民意廢立，早著民權。

　（六）經濟觀：孟子之經濟思想，以王政為中心，以富國、養民為目的，以仁愛精神為動力，以平等主義為依歸，此其本體也。論其實務，則以制產、生產為要務，以分工互助為原則，以薄稅輕斂為基準，以協作共享為目標。其經世思想，即以仁義代功利，蓋其大仁義，亦即提升功利之功能，擴大民生樂利之領域也。

　荀子名況，戰國趙人。自謂學承孔子，然恒將周公、孔子並稱，故特取周之人文，殊異於孟子所師孔子恆稱堯、舜為始創人倫之道者，劉向謂其善為《詩》、《禮》、《易》、《春秋》。漢世傳經之儒，多自謂遙出荀子之門，如《魯詩》傳自浮丘伯，《韓詩》傳自韓嬰，《毛詩》傳自毛亨，《禮傳》傳自后蒼，《左傳》傳自張蒼，《穀梁傳》傳自申公，皆可上溯及荀子之門，清汪中《荀卿通論》已備言之。漢儒董仲舒、劉向輩均美荀子，而王充且有〈刺孟〉之論，則漢代荀學尤較孟學為顯也。自漢迄唐，學者皆重五經，《孟子》於漢僅趙岐為之注，《荀子》於唐僅楊倞為之注，是皆未能大顯也。至唐韓退之謂孟子醇乎醇，荀子大醇而小疵，是已尊孟而抑荀矣！迨北宋朝安定門人徐積評荀子性惡之論，蘇軾論荀子，更推及李斯焚書、坑書之罪即原於荀子之性惡。而程子謂其：「學極偏駁，只一句性惡，大本已失。」故由宋及明，學者要以孟學為孔子之嫡傳，而荀子則為離經之雜學。荀子之學，乃為學者所不取。至有清錢大昕、郝懿行為

辨荀子未違孔、孟，盧文弨、王念孫為校注其書，而王先謙且為之集解，荀學乃稍為世人所重矣！其學術大要：

（一）天道觀：荀子之天道觀，乃自理智主義而出發，故絕異於孟子天人合德之天道觀，其天道異想，大要有三：⑴天道自然。⑵天人分職。⑶制天用天。後儒謂其天道觀來自自然主義、功利主義，甚且唯物主義，蓋有由也。故其天人之關係，乃「用」與「被用」之關係。

（二）人性論：荀子之人性論，著眼於人之情慾爭奪心之存在，故主性惡，其理論來源可分為五：⑴自感情驗證。⑵自慾望驗證。⑶自欲為善驗證。⑷自行為之反性悖情處驗證。⑸自人之行為多於被動起驗證。惟性雖惡而可化，故其對心以言性即以此知識心治此動物性，故荀子特重理智統攝心與自作主宰心，蓋以此為自身之天君，收化性起偽之功者也。

（三）倫理說：荀子倫理哲學之本體，以自性惡論出發，故以君子積偽之禮義為倫理之中心。其修為論則以禮樂師法為教化之要具。其方法論則有三：⑴以「君」之人格為政治之中心。⑵以禮、樂、政、刑為治平之要道。⑶對人生行為採批評之態度，重知識及理性。故其論人之關係，乃「治」與「被治」的關係。

（四）教育觀：荀子既主性惡，故其教育思想亦以壓制惡性、轉化惡性為要務。必以師法之化、禮義之道以防之。故其原則以教者為中心，以學者為被動。其方法則由外制而內斂，重視後天學習與夫知識之價值。其目標在使人由勁士，而君子，而聖人。

（五）政治觀：荀子以人性皆惡，故政治亦主隆禮義以化之，尊君位以臨之。以法為治之端，故易衍為任法之思想；以君為法之原，故亦易啟專制之暴政，此其蔽短也。惟其要求君能善群、能群之理想，與夫立君為民之認知，儻亦有開明專制之意乎！

（六）經濟觀：荀子之經濟思想，大要與孟子相類，亦主富國利民。而其創見則有二：一曰務本，勵農耕也；一曰通商，通財貨也。主以國家力量推動農業，改善農耕，此均前聖未道之遠見也。

孟、荀二子之學術，日人三浦藤作曾作對比曰：孟子果斷而富勇氣，荀子剛愎而不遜。孟子快樂而長議論，荀子沉思長於思考。孟子專力闡明義理，荀子則有字義訓詁傾向。孟子倡性善，以愛他心為人性之根柢；荀子倡性惡，以利己心為人性之根柢。孟子歸惡之起源於物慾，荀子以善之成因為聖人之積偽。孟子重仁、義、禮、智之主觀道德，荀子重禮、樂、政、刑之客觀道德。孟子以為禮自內發，出於人之本性；荀子以為禮自外制，均為矯正本性，出自聖人、君、師之所為。孟子為道德自然論、良心主義、自律主義；荀子則為道德人為論、禮法主義、他律主義。觀此，知孟子乃由上而下，以心觀性者；荀子乃由下而上，由慾觀性者。前者重心，後者重知。此其扞格之原也。若論其功能，則孟子言性善，乃勉人為善，欲導其善以絕惡；荀子主性惡，乃疾人之惡，欲制其惡以為善。孟學為獎誘，荀學為督責，各有其功，未可輕予排斥也。

六、孟荀二子對後學之影響

戰國之際，儒學因孟、荀而大張，因秦火而湮滅。漢興，陸賈承性善之說，賈誼則論性有三，董仲舒獨尊儒術，力黜百家，而其論性則亦善惡混，學近荀子。劉向、王充、荀悅、揚雄以至徐幹，大抵如是。蓋兩漢學術，特色有二：一重訓詁：孔安國、許叔重、馬融、鄭玄是也；一重詞章：司馬長卿、東方曼倩、枚乘、枚皋、王褒、揚雄是也。蓋學有偏勝，各領風騷，義理之學，雖備而未彰也。迨魏晉清談成風，言必柱下，思重漆園，故無論矣！至隋文中子王通奮起河汾，窮理知命，傳往聖之絕學，以性制情，開理學之先河，著《中說》一書，言行狀貌，藹然可親；思慮文詞，樸質可誦。尊儒闢佛，紹周、孔之餘緒；弘道傳經，開數朝之文風。惜乎英年早逝，不顯當時，贗偽亂真，反遭詬病。有唐孔穎達詁經大家，魏徵、長孫無忌精於史學，韓、柳以古文名家，而於道統則亦未見專著，尊經者若皮日休、司空表聖（圖），亦殊泛泛，至若騷人墨客之流輩，固無論矣！

降及北宋，胡安定、孫明復、石守道倡明正學，以師道自任，而濂、洛、關、閩諸儒薪火相承，通古今之變，究天人之際，各有發明。周濂溪倡無極而太極，太極動而生陽，動極而靜，靜極復動，一動一靜，互為其根，陽變陰合而生金木水火土，五氣順布、四時行也。五行，一陰陽也；陰陽，一太極也，太極，本無極也。張橫渠以太虛釋宇宙，以宇宙萬有無非太虛陰陽之氣變化之功能。洛陽二程，各有所

詣：大程（明道）學主簡易，認宇宙乾元一氣，故論學力主綜合，以仁即性，統攝四德，故主存養，上蔡謝良佐嘗師之，以心為中心，其學於上似遙承曾、孟，於下則開啟象山、餘姚二大家，所謂陸、王心學是也。二程（伊川）則為理氣二元之說，主寓理帥氣，故論學力主分析，其學於上似遙承子夏、荀子，於下則開啟晦庵先生，所謂程、朱理學是也。

朱子承周子《太極圖說》，繼伊川之餘緒，以宇宙之本體為太極，以太極綜合理氣之二元，主理氣相對而依存，故無無氣之理，亦無無理之氣，理為形上之道，為萬物所以生之原理；氣為形下之器，為萬物鑄型之質料，故理以成人物之性，氣以應人物之形。惟理一分殊，合而言之，則萬物統體於太極；分而言之，則一物各具一太極。故太極，理也，亦一也，不唯為宇宙共同普遍之原理，亦為萬物個別具餘之道理。惟以理言之，則無不全；以氣言之，則不能無偏。故依此以體心性，則心因理而刺動為道心，心因氣而刺動為人心。以惻隱、羞惡之心為道心，以一切嗜慾為人心，故主心統性情，存天理以制人慾也。朱子學術，蓋主敬以立其本，窮理以致其知，反躬以踐其實，博學多識之大儒也。後儒亦許為集有宋義理學之大成者，思想之有體系，辨解之能明晰，思想界罕有其匹。惟後學末流，執理絕欲，乃至戕滅人性，相率為偽，見其小而遺其大，求其末而失其根，亦朱子始所未能料及者也。

有宋儒學，理學而外，厥為心學，理學大昌於朱子，心學發皇於象山，象山之學，力主簡明，故主本心之自覺，斥

浮泛之空論；既主實踐以躬行，乃認所謂：「心，一心也；理，一理也，不容有二，心即是理。」以窮理既為本心之意識，故為學之欲窮此理，亦即盡此心，不若朱子之外求也。蓋思考存於我本心，我心本有理於道，則何待我去註經，六經皆我註腳耳！故自許其易簡工夫，可大可久，嘲朱子之註經解經終為支離破碎，隨俗浮沉之業也！

朱、陸二家相持之異，大要如此：朱重註經，故道問學，屬於重知，主以理制氣（以心統性），乃衍為理學，子夏、荀卿之派衍也；陸重實踐，故尊德性，屬於重行，主心即是理，乃衍為心學，曾子、子思、孟子之餘緒也。而其所持，似又皆得子思《中庸》「君子尊德性而道問學」之一體。元吳草廬（澄）謂：「朱子以道問學為主，陸子以尊德性為主，然問學不本於德性，則其弊必偏於語言訓釋之末，故學必以德性為本。」鄭師山（玉）以陸子之質高明，故主簡易；朱子之質篤實，故好邃密。朱子之學，教人為學之常也；陸子之學，才高獨得之妙也。二家之說，又各不能無弊：陸子之學，其流弊也如釋子之談空說妙工夫，鹵莽滅裂，而不能盡夫致知之功；朱子之學，其流弊也如俗儒之尋行數墨，至於頹情委靡，而無以收力行之效。然此其二先生之罪哉？亦後學之流弊耳！

至清全榭山（祖望）為黃南雷續完《宋元學案》，慨然言曰：

> 余嘗觀朱子之學，出於龜山（楊時），其教人以窮理為始事，積集義理，文當自然有待，至其所聞所

　知，必能見諸施行，乃不為玩物喪志，是即陸子踐
　履之說也；陸子之學，近於上蔡（謝良佐），其教人
　以發明本心為始事，此心有主，然後可以應天地萬
　物之變，至或束書不觀，游談無根，是即朱子講明
　之學也。斯蓋其從入之途，各有所重，至於聖學之
　全，則未嘗得其一、遺其一也。

此論最能窺其本源，蓋大儒莫不尊德性而道問學，若徒以空
論相爭，不能於立德、立功、立言以見其學，皆腐儒也。

　象山之後，至明有餘姚王陽明先生大張其學，其學術大
要：⑴心即是理。⑵知行合一。⑶致良知。其學喜象山之簡
易，斥晦庵之支離，倡踐履與力行，及身立其事功，餘韻振
於海外。

　清黃梨洲、顧亭林、王船山、李二曲均重氣節，恥事異
姓，極備大儒氣象。顧、王較尊朱學，惟亭林較重實學，鄙
薄空談，故亦甚厭有宋心性之學，故其考證徵實之學，獨步
千古，如孔廣森之於《公羊》，顧棟高之於《春秋》，陳奐之
於《詩經》，段玉裁之於《說文》，郝懿行之治《爾雅》，阮
元之作《經籍籑詁》。詁訓復興，漢幟復起，程、朱、陸、
王之對立，乃一變而為漢學、宋學之論爭矣！黃梨洲、劉蕺
山上承孟子，多致力於陽明，而顏習齋（元）則獨抒機杼，
痛理學之毀情滅性，作《四存編》，申學思並重之旨：存性
道性善即所謂「氣質之善」，存學以師古致用為先，存治以
王道井田實用為重，存人以實踐人倫不尚空談為正，故其學
以反古之正德、利用、厚生為務。

　　休寧戴氏東原以人心惟慾望、情緒、心知三大區，故亦認同「天理在人欲之中」之說，力闢朱學末流「去人欲存天理」之說，其認有宋理學流行以來，其弊有三：（一）責賢太苛，使天下無好，君子無完行。（二）養成剛愎自用，蔚為殘忍殘酷之風息，有所謂「禮教殺人」之怨憤，背棄先儒仁恕之大旨。（三）重理斥欲使人相率為偽（如所謂：餓死事小，失節事大，致有女未嫁而殉夫，徒為一貞節牌坊耳），蓋孔、孟僅示人以澹泊寡欲，向未令人絕欲以絕生機也。故戴氏斥之曰：今之言理也，離人之情慾求之，使人忍而不顧，適以窮天下之人盡轉移為欺騙之人。故陸、王斥程、朱論學太多，而戴氏則評其論學太略，認程、朱論理根本謬誤有二：一謂理得於天而具於心，一謂理一而分殊。蓋理在於事，不在於心，人之心僅為能知之工具，可使之達成「能審察事情而準」之知慧，若先存一理，則是固陋臆測矣！且理為多元，一事物有一事物之條理，無所謂「渾然一體而散為萬事」之天理也。

　　陸（象山）、王（陽明）譏朱子為支離，顏（元）、李（塨）斥朱學為無用，然仍無礙於朱子。東原則亦自窮理致知之路超越程、朱，故戴學雖反程、朱而不落陸、王末流空疏之弊，其徵實之學，啟迪後學至多。而其「天理在人欲之中」之旨，今人唐君毅先生以孟子之「即心言性」之義旨，闡發透闢，頗能盡戴氏微意，不惟順乎人性，自然發展；且能溝通東西思想，不使儒學流於枯寂。唐氏有曰：「孟子之人性論『即心言性』之人文義，可統攝荀子等『即生言性』之生物義，其一是此仁義心對自然生命的涵蓋義，即是以此

仁愛之道德心以統攝此生物層之食色性。」食色之本性，孔、孟均予承認，而人之本心之顯現，即原出自對自然之欲望如「食」、「色」等。如人之不忍孺子之入於井（推生之欲為仁），不忍他人饑寒，推衣食以衣人食人（推衣、食之欲為仁），人之有偶之後，則望：內無怨女，外無曠夫，即望他人有家有室，使自然生命得有延續（推色欲之心亦為仁）。即此可觀人心之量所涵蓋所統攝者，即是無量亦無限，即能上下與天地同流，即能萬物皆備於我，即能舉此大體而小體皆備，此即戴氏（東原）、焦氏（循）「天理自在人欲之中」之深意，此即孔、孟之學之所以為大也。唐君毅先生又嘗有言曰：「道家唯有個人，無政府，無社會。墨家唯有社會，無政府，無個人。法家唯有政府，無個人，亦無社會。」梁子衡先生以此而補充曰：「唯儒家則有個人，有政府，有社會。」可謂至言。蓋道家唯個人，墨家唯社會，法家唯政府，胥皆偏而不全之見也，唯儒家能有此全部，乃能「致中和」、「推仁愛」；乃能「天人合一」、「心物合一」、「人神合一」，進而具有其「天下為公」、「四海一家」之胸襟，與夫「有教無類」之精神。我先總統奉化　蔣公，稟大中至正之盛德，具聖明睿哲之英資，有鑑及此，早歲即融「國父學」之「知難行易」暨「陽明學」之「知行合一」於一爐，創出「力行即是革命」之「力行哲學」，拯民族於水火，救國家於危亡。其平居治事之精神，則以陽明「致良知」之精神以自期；其廟算決策之中準，又以朱子「寓理帥氣」以自養。兼容並蓄，無偏無黨，身先倡導文化復興運動，弘揚孔、孟學說，故儒家學說，不惟大昌於臺海，於三

民主義統一中國後，行將普遍復甦於大陸，弘揚於世界也。

——《孔孟月刊》第 22 卷 6 期（1984 年 2 月），
頁 10-17。

儒家成仁取義的思想在美育上的功能

一、儒家成仁取義的精神是美育的極致

《論語》孔子說：「志士仁人，有殺身以成仁，無求生以害仁。」「志士」與「仁人」都是孔子心目中認定是有理想、有抱負、有所為、有所不為而又能保持人格完美的人。他們寧可犧牲生命去保持人格（仁）上的完美，也絕不肯苟且偷生去破壞自己人格（仁）上的完美，所以他們能「見危授命」，能「以天下為己任」，能「臨難毋苟免」，以坦然從容的態度去面對危難或死亡的威脅。這是何種力量所使然呢？那是他們肯定了唯有踐此仁道才是精神上唯一的滿足，才是完美人格圓滿的完成，也才是一個知識份子所追求的價值人生的至高無上的境界，（此境界即是〈中庸〉所說的智、仁、勇三達德的境界。）為此，才使他們如此從容以赴難、從容以赴死的啊！

到了孟子，他對知識份子的生道死法，似乎講得更具體，他說：「生，我所欲也；義，亦我所欲也，二者不可得兼，舍生而取義者也。」他又說：「生，亦我所欲，所欲有甚於生者，故不為苟得也。死，亦我所惡，所惡有甚於死

者，故患有所不避也！」孟子認定的吾人所要追求的還有比生命更重要的東西，故不惜犧牲生命去保全它，這指的自然是義的行為了；吾人所厭惡的還有比死亡更嚴重的事情，故寧願選擇死亡而不肯輕易去做的，那當然指的是不義的行為了。孔子、孟子所講的「仁」、「義」，究竟內涵如何呢？我們從先儒對這兩字所作的詁訓索解，就不難見其端倪了。

先說孔子「成仁」的「仁」字：許氏《說文》說：「仁，親也，從人二。」〈中庸〉說：「仁者，人也。」《孟子》說：「仁者愛人。」《禮記》說：「仁者，義之本也。」朱熹說：「仁者，愛之理、心之德。」從先儒的解說中，我們對於「仁」字大概可以得到一個具體的概念，那就是「作人（此「人」字義，乃指價值人、道德人乃至集善而全盡的聖人）的條件」、「慈愛的道德」或「行義的根本」。總括而言，那就是愛人群、愛社會、愛國家乃至愛宇宙萬物為一體的「優美的情操」，有此優美情操的志士仁人，故寧願慷慨殉身以保全它，而不願苟且偷生去破壞它，這就是所以為志士、所以為仁人了。

再說孟子的「義」字。許氏《說文》說：「義，己之威儀也，從我从羊。」段玉裁引董仲舒曰：「仁者，人也。義者，我也。謂仁必及人，義必由中斷制也。從羊者，與善、美同意。」

董仲舒說「義」字與「善」、「美」同意，說得真是好極了。故許氏《說文》訓「善」字說：「善，吉也。從誩從羊，此與義、美同意。」段玉裁說：「我部曰義，與善同義；羊部曰美，與善同意。按羊，祥也，故此三字從羊。」

許氏《說文》訓「美」字說:「美,甘也。从羊从大,羊在六畜,主給膳也,與善同意。」

綜前儒所訓,以「義」與「善」、「美」同義,則「義」的涵義,可以衍繹為「至美的德行」、「至善的行為」了。《易經‧說卦》曰:「立人之道,曰仁與義。」孟子將義釋得更具體:「義,人路也。」那顯示「義」便是吾人應走的「正當的道路」了。孟子以為知識份子要作時代的良心、歷史的見證,要保衛真理之美善,故能「不為苟得」而舍生,「患有所不避」而取義了。

近世經濟學家以為社會進步的動力來自慾望(desire),但他們也不否認此人類的欲望舍物質的佔有慾、支配慾及精神的求名慾、權利慾之外,仍有其較高層次的求知慾及最高層次的求安心的慾望。此求安心的慾望,即是一般仁人志士知識份子們的「憂患的意識」。知識份子對世俗名利十分澹泊,而對此「安心的欲望」卻十分執著。佛陀因悲憫眾生而坐證菩提,耶穌因為眾贖罪而坦然被釘死在十字架,孔子的棲棲皇皇,孟子的挺身衛道, 國父為革命,十敗而不餒,蔣公為復國,死生以繼之,以及無數民族英雄、革命烈士所作可歌可泣的行徑,締造萬古不朽的偉蹟,都是此一「求安心的慾望」在燃燒、在發動的!知識份子之內在因為一直受此「憂患意識」的鍛鍊,乃自然孕育一種「優美的情操」,此「優美的情操」對內則追求「心靈的完美」,對外則追求「社會的和諧」,故隨時都被「先天下之憂而憂」、「後天下之樂而樂」的情緒所支配。一旦國家有難、社會受到危害時,則不惜粉身碎骨以保全之,以完成其至美至善的成仁取

義的人格。孔子、孟子即以此垂教，標出「仁」、「義」為「人性美」、「人格美」的極致，也可以說它是儒家講出處、進退、取與、辭受、立身大節的最高的美的境界了。

二、先師 吳兆棠博士的兩番話頭

筆者本師休寧吳公兆棠先生，學淹中西，思接程、朱，繼江（永）、戴（震）之餘緒，履周（濂溪）、胡（安定）之庸行。早歲主講「青年心理」，忽作警語曰：「我以為要訓練青年恢弘廓然大公的胸襟，激勵其犧牲奉獻的精神，首先要訓練他們懂得自私！」滿座失色，筆者一向服膺先生，內心也不覺駭然，自忖先生生平謹恪，從不作詭詭之言，今何作此非常之論也？乃先生復徐徐曰：「歷史上最懂得自私的人，就是孔子、耶穌、岳飛、文天祥、史可法、鄭成功以至林覺民等黃花岡先烈他們這般人。他們都懂得肯定自己，肯定自己在歷史上的位置，心血耗乾，頭顱拋出，以有限肉體的生命，換取了永恒精神的生命，難道他們不是取懂得自私的人麼？」先生又賡續深深地太息道：「我所講的自私，就是自愛呀！時下的年輕人，自己都不知道如何去愛自己，你如要他去愛人群、愛社會、愛國家、愛民族，那不是在要求聾者辨音、跛者疾走、緣木求魚一樣的荒謬嗎？」先生的話，初聞似乎甚玄，實則是最切實不過的修為方法。試看一般世俗的庸人，只知朝夕孳孳為利，畢生為攘奪而煩惱，但生理的極限卻不能違抗自然的命定，一旦壽限到來，則平素辛苦經營所得的，莫不撒手拋開，到頭來卻一無所有。歷史

上唯有聖人、賢哲、志士、仁人他們毫不保留的為社會奉獻自己，他們在世時也許是毫無所有，但他們的事蹟卻彪炳史冊。他們的人格與日月同光，而他們的精神也永存天地之間，宇宙所有的時空好像都是為他們而展開而準備的，真正的達到了一種「無我而我無所不在」的境界，我們能說這只是一種感性所煥發的浮光掠影嗎？

又一次，先生為我們講「教育原理」。講到所謂「五育」時，先生說：「時人常謂五育順序為：德、智、體、群、美。此蓋依其性質之輕重而序列者，實則非是。如依兒童生理發展過程而言，則依序應為：體、群、德、智、美也。以體育肇其始，而以美育竟其功。」先生復開示曰：「體育者，旨在指導青少年生理之正常發育與成長也，故自幼兒時即須行之，故體育為五育之首也。群育者，兒童漸次長成，須由家庭步入社會，故須以群育協助其適應環境、調整人我之人際關係。德育者，即指導青年由物境而理境，由原我而超我，以涵煦其中正和平的德性。智育者，即指導青年對事物價值的判斷，能由主觀、客觀而進入統觀的境界；待此體、群、德、智四育俱備之後，然後以美育完成之。設四育如無美育者以完成之，則前此所作一切之努力，均將失去其指歸，縱有所成，也不過是一些小忠、小信，充其量，不過是一個『自了漢』而已，不可能冀其為有所為有所不為的大丈夫也。」先生嘗謂：「教育上『美育』，非指狹義的美術的表現，乃指精神上的一種素養與優美的情操，其義有二：一謂『行健不息』義，孟子所謂『充實之謂美』是也；一謂『犧牲』義，因『我死則國生』，是一個有悲憫情懷的

知識份子人格上的至美，也就是孔、孟以『成仁』、『取義』教人的美育的極致。」

先生所謂的「美育的素養與情操」，自是每個人所應具備的，即以藝術而論，一個美術家設無性靈及思想以及高雅的氣質，則不管他構圖、設色如何美妙，畫筆如何靈巧，充其量他不過是一位畫匠而已；一個音樂家如果不對真理至善以至生命有一份執著與狂熱，縱然他妙解音律，擅長作曲，精通樂器，天賦歌喉，充其量他只不過是一個樂工或歌手而已！

蔡子民先生畢生提倡美育，他認為凡人皆有感情，然並非皆能有高尚偉大的行為，此蓋感情之動力薄弱所致也。故需以美育陶養，使其轉薄為厚，轉弱為強，而所陶養的工具，則為美的對象。美的對象之特性蓋有其二：一是普遍性，一是超脫性。所謂「普遍性」者，即名山大川，人人得而遊覽；夕陽明月，人人得而賞玩；公園塑像、藝館畫展，人人得而暢觀。孟子與齊宣王論「獨樂樂，不若與人樂樂」，「與少樂樂，不若與眾樂樂」，陶淵明「奇文共欣賞」，「我有旨酒、與君樂之」，均為此境。故美育可陶養人有純然「天下為公」之概。因而蔡先生甚且主張「以美育代宗教」。蓋因美育能使人心靈相親，了無畛域；超國界、超種界，而宗教則猶難免互相排斥、自小天地也。

所謂「超脫性」者，即美育的作用，根本超乎利用的範圍，亦即超乎利害的關係，即董仲舒所謂的：「正其誼不謀其利，明其道不計其功。」是也。所以到了重要關頭，就有「富貴不能淫，貧賤不能移，威武不能屈」的氣概，甚且產

生「殺身成仁」的勇氣與「捨生取義」的決心。以上這些，蔡先生以為：「不是由於知識的計較，而是由於感情的陶養，也就是不源於智育，而是源於美育的。」

蔡先生對美育功能的認定，筆者完全服膺，但蔡先生以為美育的本質純然是感情的，而完全排除智育的成分，則筆者稍有不同的意見。何以故呢？因為我們對自然景觀或藝術作品的欣賞，固然要憑感情欣賞或接受，但對作品主題所表現的倫理道德觀的是非美惡的判斷，卻不能任憑感情用事而卻需以理性去裁決了。譬如欣賞莎翁名劇《殉情記》，當女主角茱麗葉醒後發現羅蜜歐已為她自殺而死，於是她也自殺殉情。我們一面為她的不幸而流淚，但一面卻又含著淚讚美她的死：「多美呀！多美呀！可憐她是非那樣死不可的呀！」矛盾嗎？可笑嗎？一點也不！因為同情她的不幸，她的淒美的死，即是蔡先生所說的純粹是感情的。而一件事發展到劇中人和觀劇者都認為那人非死不可（雖然不一定每個人都能作到）的程度，則是孟子所謂的「義」了，亦即「天下的通義」了。戀生畏死，人之常情，人到了非死不可，而去從容就義，那已經是非純然的感情的作用，而已經是知性的抉擇了。像死守上海四行倉庫的「八百壯士」，像「英烈千秋」的張自忠將軍那樣扣人心弦決心殉國的壯舉，難道他們從容就義的犧牲，不是早經自己深思熟慮過的嗎？當我們噙著熱淚從電影上看到他舉劍自戕的時候，我們忍不住也在內心裏面哭喊著：「死得多美呀！死得多美呀！若是我，我也該那樣壯烈地死的呀！」我們不能不說這種感覺完全是由於美育昇華成一種道德的情操所致啊！因為死亡是恐怖的、

醜惡的，而大家卻能對殉國或殉道的死亡產生美感；對盡節取義的死亡認同，一面哭著，一面狂喊：「應當那樣死的呀！死得真美呀！死得真是時候呀！真是死得其所呀！」那麼，這已經不完全是感情層面可以涵濡得了的了，它應該是從道德律的價值觀念中提昇出來的，那正是一種「人性美」與「道德美」的昇華，所以才能「只見一義，不見生死」，這也正是孔、孟持以教人「成仁取義」的最高美德的完成啊！

三、文信國公為儒家成仁取義的精神千古垂型立則

儒家雖以「成仁取義」垂教，但卻不是要人去輕易捐生的，所以孟子說：「可以死，可以無死，死，傷勇。」管仲不殉公子糾，而桓公尊王攘夷、一匡天下。孔子不惟不責其細行，且極許其仁，以其所事公子糾之死非為國殉（公子糾只是兄弟鬩牆，為奪權奪位失敗而死而已。如孔子本身即不願捲入衛出公輒父子奪權糾紛而自衛返魯。），而又能使中原不淪為夷狄之大功故也。故曰：「大德不踰閑，小德出入可也。」子路死於衛事，孔子僅哭以師弟之情，對高柴的歸來，許其為通達；對仲由的必死，則微責其好勇之過，因衛君之爭，名分不正，子路僅為孔悝家臣，且又為客卿，本無死節之義也。此儒家對生死大事所講的分際。

至於士君子以身許國，應以福國利民、保國存種為先。成功與成仁之間，儒家還是以為前者重於後者的，非若規規

小儒，冒然輕言一死，除為一己博得浮名外，於國家民族前途，並未得到實質上的利益。故孟子說的「可以死，可以無死，死，傷勇」之意，就是勉勵後學要以成功為重，不可輕易以言死亡也。但當忍辱負重之餘，國家仍面臨千鈞一髮、危急存亡之緊要關頭，那當然只有慷慨捐軀，知其不可為而為之，以為天地存正氣，為後世垂典型了。

我國歷史悠久，歷代成仁取義的忠臣義士，何止萬千？但是為保全國家用心之苦，周旋強敵應變之難，陷身敵後處境之險，歷經煉獄志節之堅，從容就義死事之慘，富貴不能淫，貧賤不能移，威武不能屈，遭遇之奇，境遇之困，而磨折之多者，千百年來，實無如宋丞相文信國公天祥者也。

先生吉水世家，以進士第一入宦。時宋政不綱，元兵南進，兵臨臨安，行在震恐，先生受命於危難之際，赴北營與敵酋周旋，被劫得脫，北走與敵騎出沒江淮。時元兵緹騎急捕先生，固無論矣！而真州、揚州、通州未淪陷區之宋朝軍政大員，亦誤信流言，以為先生降敵，欲置先生於死地。先生草行露宿，歷數十險，幸而不死。先生非畏死也，蓋留此有用之身以復國也。先生《指南錄・後序》曰：「生無以救國難，死猶以為厲鬼以擊賊，義也。……脩我戈矛，從王于師，雪九廟之恥，復高祖之業，鞠躬盡瘁，死而後已，亦義也。」故知先生其始也隱忍不死，實以保全國命實較個人死節為重也。當其渡海至浙閩之後，拜命都督江西，號召地方忠義，以新編疲弊之兵，抗久戰驃悍之敵，屢戰屢敗，屢敗屢戰，最後戰至潮州，不幸被執，曾經數度自裁而不死（筆者按：似天留之以顯其奇節也。），過零丁洋，賦詩以明

志，中有句曰：「人生自古誰無死，留取丹心照汗青。」北上，元人誘以丞相位勸降，不許；置土牢中折磨三年，不變；作〈正氣歌〉，自序謂牢中有七股濁氣，彼以一股浩然正氣敵之，故不憂不懼。時宋亡已數年，民間間有義師，甚且以「文丞相」號召者，元帝懼有變，不得已而殺之，然猶數度不忍也。先生臨刑時，非常從容，謂吏卒曰：「吾生在南，南嚮而拜之，曰：『臣事畢矣！』」乃引頸就義，死後衣帶中有自題贊曰：「孔曰成仁，孟曰取義，惟其義盡，所以仁至，讀聖賢書，所學何事？而今而後，庶幾無愧！」或謂先生曾問學於晦庵門人，為文公再傳弟子。儒門仁義之說、性命之理，至宋儒講之至精，先生之奇節瑰行，其來有自，實亦儒家美育精神之無上成就也。初，當先生被執北上時，同里廩學生王炎午懼不死變節，作〈生祭文丞相文〉，謂：「謹採西山之薇，酌汨羅之水，哭祭於文山先生之靈……」以速其死，蓋恐其不死而毀其一生清白也。迨先生就義消息南傳，王氏復作〈望祭文丞相文〉，中有曰：

> 相國文公再被執，時予嘗為文生祭之，已而盧陵張千載公弘毅，自燕山持丞相髮與齒歸，丞相既得死矣！嗚呼！痛哉！謹痛望奠，再致一言：嗚乎！扶顛持危，文山、諸葛，相國雖同，而公死節；倡義舉勇，文山、張巡，殺身不異，而公秉鈞。名相烈士，合為一傳，三千年間，人不兩見，事繆身執，義當勇決。（下略）

王氏前後所為，似乎極為矛盾，實則這正是中國知識份子接受儒家美育精神薰陶的極致。生祭公文，恐其不死，是理性的、道德的，也是責任的；哭祭文公之為國捐軀，則是感情的、道義的，兩者交匯，乃在中國知識份子的內心深處產生一種悲涼的激情，亦即所謂憂患的意識。理智之善、感情之善，其美一也；成功之業、成仁之業，其美一也。故文信國公一生足使鬼神飲泣的奇節瑰行，實已為儒家成仁取義的美育思想作了最好的詮釋。

四、結語

儒家自孔子、孟子先後提出成仁取義之說後，它不惟為吾人樹立了人格的尊嚴，抑且為吾人開出了符合美育原理的價值的人生。此價值的人生，即是美好的追求，是非的判斷與良善的執著。它不因生死順逆而改變，亦不因世宙轉移而磨滅。生，固可以成功以求實現；死，亦可以成仁以求實現。莊嚴而生，莊嚴而死，在在都顯現出人性壯麗之美的極致，開放出中國文化中最絢爛美麗的美育的花朵。故中國數千年來雖歷經憂患，卻都能憑藉無數志士仁人灑出義勇碧血、綻放仁道光芒，慷慨捐軀，救亡圖存，使中國文化歷千苦百劫而不墜，這都是儒家一股成仁取義美育的精神支柱在支撐著啊！

——《孔孟月刊》第 23 卷 6 期（1985 年 2 月），頁 7-11。

孟子性善說

一、概說

　　孟子之學術，導源於性善，而行之於仁義。性善之說，實為孟子思想之大本也。先儒多以為孟子所發明，然試探諸舊籍，索其源流，不得謂為孟子未受往聖影響也。

　　考性善之說，始於《詩》、《書》，述於孔子。《尚書·皋陶謨》曰：「天敘有典，勅我五典五惇哉！」〈召誥〉曰：「節性惟日其邁。」《詩經·大雅·烝民》：「天生烝民，有物有則，民之秉彝，好是懿德。」《易·繫辭傳》曰：「一陰一陽之謂道，繼之者善也，成之者性也。」又曰：「成性存存，道義之門。」《易·說卦》：「窮理盡性以至於命。」近人唐迪風先生曰：「性非善，何以為道義之門？性非善，何以為？」（唐著《孟子大義》二章一節）此《詩》、《書》、《易》均以人性成之於天也。

　　《論語·陽貨篇》：「子曰：『性相近也，習相遠也。』」「唯上智與下愚不移。」〈雍也篇〉：「子曰：『人之生也直。』」近人唐迪風先生曰：「性非善，何以直？」《孝經》曰：「天地之性，人為貴。」唐迪風先生曰：「性非善，何足貴。」（唐著《孟子大義》二章一節）《大學》云：「明明德。」《中庸》云：「天命之謂性，率性之謂道。」又云：

「唯天下至誠，為能盡其性，則能盡人之性。」

《論語》，孔子所言，為後學所記也；《大學》，曾子之書也；《中庸》，子思之書也。史傳多言孟子受業子思之門人，則孟子性善學說之淵源，不能謂非古籍影響也。

夫子「性近習遠」之言，前脩多謂其於性未作善惡之定論。梁任公以為孔子但言：「性相近，習相遠。」所注重者在養成良習而止（梁著：《先秦政治思想史》六章「儒家思想」其四）。愚以為自語意言之，夫子實已主性善之說矣！夫子云「性相近也」，近者何？同也。以獨立語詞言，則「近」與「同」可認同；而與「習相遠也」語詞比並論之，則遠即有「相次」、「相差」意（按「遠」可訓為「疏」、為「迂」、為「違」。），夫子顯已有褒近貶遠之意矣！以此引申，則知夫子之語意實為：「人類起點本可同（近）於善良，而習慣導致而流（遠）於罪惡矣！」

若夫《大學》、《中庸》之書則已明言人性本善之說矣！「明德」者，謂為本然所有光明之德性也；「明明德者」謂為發揚此本然光明之德性也。此非主張人性本善者何？若《中庸》「率性之謂道」一語之「率性」，即言「順其本性為人即為道」，道者何？儒家之道，即指居仁由義之善也，是則《中庸》之主性善，亦已不待辭費矣！

案《大學》之書，蓋亦《戴記》中之一篇，程子謂為孔氏遺書，初學入德之門，朱熹作《大學章句》，以為曾子所作。至清崔東壁疑其誤認，其《洙泗考信餘錄》卷一曰：

> 世多以《大學》為曾子所作。朱子分「大學之道」

至「未之有也」為經，為孔子之言，其餘為傳，為曾子之意而門人所記。余按〈誠意章〉云「曾子曰」云云，果曾子所自作，不應自稱曾子，又不應獨冠此文以「曾子曰」，……蓋曾子得之於孔子，而後人又衍之為《大學》者也。

康有為《康南海文集・大學注序》曰：「是篇存於《戴記》，朱子以為曾子所作，誤分經傳。……《禮記》則（僅）為記為義，況一篇中豈能自為經傳乎？篇中僅一指曾子，亦無曾子所作之據，惟記皆孔門弟子後學傳孔子口說，孔子之微言大義實傳焉！」

陳澧《東塾讀書記》云：「〈大學〉篇首云『大學之道』，〈學記〉亦云『此大學之道也』，可見〈學記〉與〈大學〉相發明。」然〈學記〉一般以為兩漢儒生所作，日本武內義雄《先秦經籍考》即推定《大學》當出於《孟子》、《中庸》之後。甚且認定「正心」乃受董仲舒之影響。（董氏〈對賢良策〉有云：正心以正朝廷。江俠庵曰：正心之說，已見《孟子》「一正心而國定矣」。）以為《大學》之作乃在董生之後，亦即武帝之後矣！

國家博士王邦雄學弟以為《大學》「明德」之「明」與「德」為道家之核心觀念，推定《大學》必儒家深受道家思想影響而有以回應之後學所作者，必在孟子之後，亦極有見地，尚待考徵。

張心澂《偽書通考》曰：「誤認撰人。」

《中庸》之書，司馬遷《史記・孔子世家》曰：「子思

作《中庸》。」《孔叢子・居衛》、〈公儀〉兩篇均有子思作
《中庸》之記載,唐孔穎達、宋歐陽修、鄭樵、朱熹均主
《中庸》為子思所作之說,崔東壁《洙泗考信餘錄》曰:
「《中庸》之文采之《孟子》,《家語》之文采之《中庸》,少
究心於文義,顯然而易見也。乃世之學者反以為《孟子》襲
《中庸》,《中庸》襲《家語》,顛之倒之,豈不以其名
哉?」其所持疑端,約分三點:

　　(一)孔子、孟子之言,皆平實切於日用,無高深遠廣
之言,《中庸》獨探賾索隱,欲極幽微之致,與孔、孟之言
皆不類。

　　(二)《論語》之文簡而明,《孟子》之文曲而盡。《論
語》者,有子、曾子門人所記,正與子思同時,何以《中庸》
之文獨繁而晦,上去《論語》絕遠,下猶不逮《孟子》?

　　(三)「在下位以下」十六句見於《孟子》,其文小異,
說著謂子思傳之孟子者,然孔子、子思之名言多矣,孟子何
以獨述此語,孟子述孔子之言皆稱「孔子曰」,於此何獨不
然?由是言之,《中庸》必非子思所作。

　　馮友蘭《中國哲學史》以為:

> 有「今天下車同軌,書同文,行同倫」之言,所說
> 乃秦漢統一中國後之景象。《中庸》又有「載華嶽而
> 不重」之言,似非魯人之語。且所論命、性、誠、
> 明諸點,皆較孟子為較詳明,似就《孟子》之學說
> 加以發揮者。張心澂《偽書通考》曰:「撰人可
> 疑。」

若然，則孟學淵源，必須重新估評矣，其發明性善一說之貢獻，實已超邁前哲，發東魯之幽微，開亙古之創見矣！

然性善之說，孟子倡之，而於孟子當時，反應強烈，或主無善無不善，或主可善可不善，或主有善有不善，持各有故，言各成理，後學聞之，無非矛盾，孟子獨能攄思指迷，力抉眾疑，曰：「若順其情之實，則可以為善，若夫行為之不善，非其才質之罪也，言之至精，而辨之至微。」

《孟子・告子上》：

> 公都子曰：「告子曰：『性無善無不善也。』或曰：『性可以為善，可以為不善。是故文、武興，則民好善；幽、厲興，則民好暴。』或曰：『有性善，有性不善，是故以堯為君而有象，以瞽瞍為父而有舜，以紂為兄之子，且以為君，而有微子啟、王子比干。』今曰『性善』，然則彼皆非與？」孟子曰：「乃若其情，則可以為善矣，乃所謂善也。若夫為不善，非才之罪也。惻隱之心，人皆有之；羞惡之心，人皆有之；恭敬之心，人皆有之；是非之心，人皆有之。惻隱之心，仁也；羞惡之心，義也；恭敬之心，禮也；是非之心，智也。仁義禮智，非由外鑠我也，我固有之也。」

告子謂「生之謂性」，蓋泛言性即生也，故進而主善惡混，孟子則認定善性為人類所特有，而非一般物類之通性，故以人性本善為不移之事實。今人廖仁義先生以為：「告子祇是

一種才性的事實判斷，孟子卻是一種德性的價值判斷。」並引楊文會文曰：「告子初以杞柳為性，是不知性空也；次以湍水為性，是不知性本無動也；三以生為性，是不知性本無生也；四以食色為性，是不知遂物者為妄情，非本性也；告子祇認隨物流轉者為性，是知有妄緣而不知有真常……」（《鵝湖月刊》三卷八期，頁十）孟子以人之特性為主，故較主唯心；告子以物之通性擬人，故較主唯物。以人擬物，悖理失情；以物擬人，扞格不入，故孟子力斥之。

《孟子・告子》曰：

> 告子：「性，猶杞柳也；義，猶桮棬也，以人性為仁義，猶以杞柳為桮棬。」孟子曰：「子能順杞柳之性而以為桮棬乎？將戕賊杞柳而後以為桮棬也？如將戕賊杞柳以為桮棬，則亦將戕賊人以為仁義與？率天下之人而禍仁義者，必子之言夫！」
>
> 告子曰：「性猶湍水也，決諸東方則東流，決諸西方則西流，人性之無分於善不善也，猶水之無分於東西也。」孟子曰：「水信無分於東西，無分於上下乎？人性之善也，猶水之就下也。人無有不善，水無有不下。今夫水搏而躍之，可使過顙；激而行之，可使在山。是豈水之性哉？其勢則然也。人之可使為不善，其性亦猶是也！」
>
> 告子曰：「生之謂性。」孟子曰：「生之謂性也，猶白之謂白與？」曰：「然。」「白羽之白也，猶白雪之白；白雪之白猶白玉之白與？」曰：「然。」「然

　　則犬之性猶牛之性，牛之性猶人之性與？」

立論基礎，孰為籠統而窒情，孰為慮周而裁密，觸目可知，未庸多辨。若孟子「乃若其情」一言，實為直透孟子學說關鍵，設一解說不當，以辭害義，則實差以毫釐，謬以千里也。愚曩於《孔孟月刊》（六卷十一期）發表有關本句之拙見一篇，以索本句本真，今謹撮錄於後，以資論助：

　　案「乃若其情」一辭，前脩多有所見，聚訟紛紜，莫衷一是，爰撮引其要，參比異同，冀求其當，不敢固也。

　　首述「乃若」。

　　漢儒趙岐於此句僅注「若」字曰：「若，順也。」「乃」字則未注及，蓋「乃」字古人要以虛字視之也。朱熹僅曰：「發語詞。」程氏瑤田《通藝錄》則曰：「轉語詞。」後從其說者亦夥，陳澧《東塾讀書記》則曰：「乃若者，因其說而轉之之詞，朱注云：『乃若，發語詞。』非也。」然陳氏復評程氏曰：「程易疇（瑤田）《論學小記》云：『乃若者，轉語也，從下文若夫為不善生根……』且謂『乃若』二字生於下文，文法尤不順耳！」然焦理堂（循）於程說則極揄揚之。

　　考「若」一詞，朱熹與趙岐歧見，焦循亦是程而非趙，主因句末「情」字界說不同，乃互為齟齬，今試由「其情」之「情」字撢挐之。

　　次述「其情」。

　　趙岐注「情」曰：「性與情相表裏，性善勝情，情則從之，《孝經》云：『此哀戚之情。』情從性也，能順此情使之

善者，真所謂善也。若隨人而強作善者，非善者之善地。若
為不善者，非所受天才之罪，物動之故也。」孫奭《疏》
曰：「情、性、才，三者合而言之，則一物耳，分而言之，
則有三名，故曰性，曰情，曰才。蓋人之性本則善之，而欲
為善者，非性也，以其情然也……」是則性情一元論矣！考
趙、孫二氏之說，不為無據。試觀《孟子・告子上篇・牛山
之木章》：「人見其禽獸也，而以為未嘗有才焉，是豈人之情
也哉？」可資證矣。

按此「情」字，焦氏《正義》亦訓為「素」也，「實」
也，實則此「情」字與「乃若其情」之「情」字均有「本
質」之意。孟子此處之「情」字既可作「質」作「性」解，
何獨「乃若其情」之「情」字不可如是解耶？趙氏既以
「情」、「性」為一物，乃注「若」為「順」，「順情」亦即
「率性」，「率性之謂道」、「率性而為善」，本無不當也。

朱熹則不然，其注「情」曰：「情者，性之動也。人之
情，本但可以為善，而不可以為惡，則善之本善可知矣。」
朱子釋義，僅曰人情，本但可以為善，而不可為惡之當然，
而未能言及其所以然，殊覺籠統武斷（謹按：性情一物，與
其所主理氣二元亦相悖也。），未能令人釋然也。以意測
之，朱子其以情為善與？情可善可惡，不待辯而可明，何朱
子之云情為善，而不逕指此處之情即性也，朱子其有所囿
乎？

焦氏《正義》復曰：「……孟子以人能改過為善，決其
為性善。伏羲之前，人同禽獸，其貪淫爭奪，思之可見，而
伏羲能使之均歸於倫常之中……信乎無不可以為善之情也。

可以為善，原不謂順其情即善，『乃若』宜如程氏瑤田之說，趙氏以順釋若，非其義矣！」焦氏此論，以為性、情不可混，蓋性善而情可善可惡也，渠引程氏瑤田《論學小記》，程氏殊亦承認孟子「以情驗性」。惜乎為下句「若夫為不善」所惑，乃曰：「『乃若』者，轉語也，即從下文『若夫為不善』生根。」（陳東塾已評其文法不順矣。）致認定此情可善可惡，未知孟子此一「情」字即言性也。焦氏準此，乃責趙注不當，渠與朱氏、程氏均認性情為二物耳！其所本或為：

　　甲、性——《說文》：「人之易氣，性善者也。」《孝經・援神契》曰：「性者，生之質也，質樸之謂性。」

　　乙、情——《說文》：「人之含氣有欲者。」《孝經・援神契》曰：「情生於陰以繫念。」董仲舒曰：「情者，人之欲也，人欲之謂情，非制度不節。」

　　由此觀之，則性與情截然不同矣！朱、程、焦諸氏其以此立論乎？然焦氏《正義》亦自注「是豈人之情也哉」之「情」字為「素」與「實」。（案此「素」、「實」二字，自為「本質」之意，寧非指「生之質也」之本性也歟而何？然對「乃若其情」之「情」字，則此附程氏之說，以焦氏之賢，則亦失之偏執矣！）故舉凡以「性」「情」分離立論，自不欲認「若」為「順」矣！蓋「情」可善可惡，順則害道，而性情之論，乃愈辯而愈歧矣！

　　愚意宋儒陳北溪（淳）對此句則較詮論了當，渠所著之《北溪字義》卷上「仁義禮智信」一則論四端曰：

孟子四端之說，是就外面可見底以驗其中之所有，
如乍見孺子入井，便自然有惻隱之心，便見得裏面
便有這仁。如行道乞人，蹴爾嘑爾而與之，便自
羞惡而不肯食，便見得裏面有這義。如一接賓客之
頃，便自然有恭敬之心，便見得裏面有這禮。一件
事來，非的便自覺得為非，是的便自覺得為是，便
自覺得裏面有這智。惟是裏面有這四者之體，故四
者端緒自然發見於外，所謂：「乃若其情，則可以為
善，乃所謂善也。」以見性不是個含糊的物，到發
來方有四端，但未發則未可見耳。（《北溪字義》卷
上，頁二八）

義至精微。惟「情」之一字，尚難以一言喻之，清俞正燮
《癸巳存稿》曰：「情者，事之實也，《大學》『無情者』
也，鄭注云：『情，猶實也。』是也。」近人黃建中氏進而
曰：「情，實也。」義至精當。案「實」，既可訓為「事實」
之實，亦可訓為「實情」之實。「事實」者也，孺子將入於
井也，為人蹴而與食也，不潔之人於側也，當或不當之事發
生於前也；「實情」也者，至情也。「至情」也者，「惻隱之
心也，羞惡之心也，辭讓之心也，是非之心也」，吾人但
云：「因事實觸發而生之至情，則可以為善。」斯可矣！
　　案此情亦即本性之說，非僅《孟子》原書多有軌跡可
循，近人亦多主其說，如：
　　程氏兆熊《孟子講義》曰：

……而本有之悲，則由於本有之情；本有之情，便由於本有之性……

……順此最初之善，而有其情，而有其悲，而有其明，而有其自肯……

錢基博氏亦以為孟子多「以情證性」，渠云：

> 孟子好以「惻隱」、「羞惡」、「辭讓」、「是非」四端言性，皆情也。「情」之為言，「性之感」也，《荀子‧正名篇》曰：「生之所以然者謂之性，性之好、惡、喜、怒、哀、樂謂之情。」《論衡‧初稟篇》曰：「情接於物而言者也。」蓋「生之謂性」，而情則性之發。「性」不可見，而「情」可見，故以情證性也。此孟子道性善之方法也。（《四書解題及其讀法》，頁四三）

由此，吾人益可見此「情」乃指性善所發之至情，而非情慾之情也。陳氏《北溪字義》言之尤當，渠論「情」曰：

> 情者，心之用，人之所不能無，不是箇不好底物，但其所以為情者，各有箇當然之則。如當喜而喜，當怒而怒，當哀而哀，當樂而樂，當惻隱而惻隱，當羞惡而羞惡，當辭遜而辭遜，當是非而是非，便合箇當然之則，便是發而中節……。孟子論情，全把做善者，是專指本於性之發者言之。禪家不合指

> 情都做惡底物，卻欲滅情以復性。不知情如何滅得？情既滅了，性便是箇死底性，於我更何用？（《北溪字義》卷上，頁十九—二十）

陳淳氏如此闡明，堪稱精確具體矣！儒家之學，重行為之德。德者，內得於己而外得於人之謂也。君子敦善行而不怠，首因客觀事實引發主觀之善念，再則必求主觀善念符合客觀之標準，斯得謂之善行，則不參禪、打座、冥想、空談，一切流於虛幻矣。

近人胡毓寰氏所著之《孟學大旨》，亦以為孟子之主性善為「順情」：

> 性與情，本一物二名，性為總稱，情其活動現象也。趙岐注：「若，順也。」（朱熹《集注》：「乃若，發語詞。」陳澧《東塾讀書記》：「乃若者，因其說而轉之之詞。」並誤。）順者，即〈杞柳章〉「順杞柳勿戕賊」之順，蓋謂人性本善，不必曲揉造作施為，但能順其情而勿逆之，即成為善人矣！

胡氏於其另著《孟子本義》一書則逕曰：

> 性、情、才三字同義，均指人身本具資質。《荀子・正名篇》：「情者，性之質也。」揆諸文義，良非誣也。

綜上所述，吾人可知「乃若其情」之「情」字，既可訓為「實」，則「乃若」之「若」字，自應訓為「順」矣。至句首「乃」字，王引之《經傳釋詞》亦曰：「發語詞也。」愚意作發語詞固可，作設定代名詞亦未嘗不可。蓋孟子以師長答弟子之問，遂作譬喻之語氣，為之解說曰：「汝（乃）若順事實所觸發之至情以待人接物，則可以為善矣。」辭意均達，亦知孟子論性善非馭空之談，必「相人偶」而後有仁，似不必故作晦澀之解矣！（拙著：〈孟子「乃若其情」句索解〉。）

　　上述要為訓詁公案，一字之訛，纏訟千載，誠孟學之不幸也。而義理之辨，尤為萬壑爭流，交相橫議，蓋自荀學一出，以其慮周藻密，鋒發韻流，性惡一端，大炫眾目，加又後儒說黃道白，各執一是，議論紛紜，滋惑莫甚。《荀子‧性惡篇》曰：

> 人之性惡，其善者偽也。今人之性，生而有好利焉，順是，故爭奪生而辭讓亡焉；生而有嫉惡焉，順是，故殘賊生而忠信亡焉；生而有耳目之欲，有好聲色焉，順是，故淫亂生而禮義文理亡焉。然則從人之性，順人之情，必出於爭奪，合於犯分亂理而歸於暴，故必將有師法之化，禮義之道，然後出於辭讓，合於文理，而歸於治。用此觀之，然則人之性惡明矣，其善者偽也。

上引荀子不特立性惡論之基礎，且直指孟子學說而駁斥之。

其〈性惡篇〉又曰：

> 孟子曰：「人之性善。」曰：「是不然，凡古今天下
> 之所謂善者，正理平治也；所謂惡者，偏險悖亂
> 也，是善惡之分也已。今誠以人之性固正理平治
> 耶？則又惡用聖王，惡用禮義也哉？雖有聖王禮
> 義，將曷加於正理平治也哉！」

〈性惡篇〉又曰：

> 孟子曰：「今人之性善，將皆失喪其性故也。」曰：
> 「若是，則過矣。今人之性，生而離其朴，離其
> 資，必失而喪之。用此觀之，然則人之性惡明
> 矣。」

前者駁孟子「善性為人固有」之論，後者駁孟子「非天之降
才爾殊也，其所以陷溺其心者然也」。咄咄逼人，鋒利無
比，乃衍為性善性惡之壁壘，眾說紛葩，眩人心目，歷來各
持異說者，約有數端：

二　性善、性惡異途之異見與統合

孟子性善之說，戰國當世，已有荀子一派非之。荀子主
性惡，其弟子韓非言性之品，有上、中、下三焉；上焉者，
善焉而已矣；中焉者，可導而上下也；下焉者，惡焉而已

矣。此蓋將《孟子》書中公都子兩引「或曰」之說，會通為一也，實則仍未脫善惡混同之範圍，僅就性之情動表徵區分為三而已，仍未及性之本體也。夫《論語》、《中庸》亦均有生知、學知、困知之三品，然所見者，才質也，非性質也。嗣論性問題，議論極多，茲舉其犖犖，以見大端：

（一）性善惡折衷說

為孟、荀兩派之折衷派，此即告子「生之謂性」之流衍，漢儒以董仲舒、王充代表之。

先言董仲舒。董仲舒曰：「性者，天質之樸也；善者，王教之化也。」（《春秋繁露‧實性》第三十六）

又曰：「民受未能善之性於天，而退受成性之教於王，王承天意，以成民之善性為任也。」（《春秋繁露‧深察名號》第三十五）

又曰：「性比於禾，善比於米。米出禾中，而禾未可全為米也；善出性中，而性未全可為善也。」（《春秋繁露‧實性》第三十六）

又曰：「名性不以上，不以下，以其中名之，性如繭如卵，卵待覆而成雛，繭待繅而為絲，性待教而為善，此之謂真天。」（《春秋繁露‧深察名號》第三十五）

仲舒不主性善，所據有二：一為孔子所言：「善人吾不得見之矣，得見有恆者斯可矣。」仲舒以孔子既云不見善人，而人性可云善乎？二為天地化生。

仲舒曰：「人之誠有貪有仁，仁貪之氣兩在於身，身之名取諸天。天兩，有陰陽之施，身亦兩，有貪仁之性。」

（《春秋繁露・深察名號》第三十五）

馮友蘭以為董氏之論性，蓋就孔、孟、荀之說而綜合之。董氏以為人亦生而即不止有善端者，亦有生而即或無善端者，乃孔子所謂上智下愚是也。

次言王充，王充曰：

> 情性者，人治之本，禮樂所由生也。故原情性之極，禮為之防，樂為之節。性有卑謙辭讓，故制禮以適其宜；情有好惡喜怒哀樂，故作樂以通其敬。禮所以制，樂所為作者，情與性也。昔儒舊生，著作篇章，莫不論說，莫能實定。周人世碩（謹按：世碩之書，世無傳本，僅王充本文引之），以為「人性有善有惡，舉人之善性，養而致之則善長；性惡，養而致之則惡長」。如此，則情性各有陰陽，善惡在所養焉。……若孟子之言，人幼小之時，無有不善也。〈微子〉云：「我舊云孩子，王子不出。」紂為孩子之時，微子睹其不善之性，性惡不出眾庶，長大為亂不變，故云也。羊舌食我初生之時，叔姬視之，及堂，聞其啼聲而還，曰：「其聲，豺狼之聲也，野心無親，非是莫滅羊舌氏。」遂不肯見。及長，祁勝為亂，食我與焉。國人殺食我，羊舌氏由是滅矣。紂之惡，在孩子之時；食我之亂，見始生之聲。孩子始生，未與物接，誰令悖者？丹朱生於唐宮，商均生於虞室，唐、虞之時，可比屋而封，所與接者，必多善矣，二帝之旁，必多賢

矣，然而丹朱傲，商均虐，並失帝統，歷世為戒。
且孟子相人以眸子焉，心清而眸子瞭，心濁而眸子
眊。人生目輒眊瞭，眊瞭稟之於天，不同氣也，非
幼小之時瞭，長大與人接乃更眊也。性本自然，善
惡有質。孟子之言情性，未為實也。然而性善之
論，亦有所緣。……人稟天地知性，懷五常之氣，
或仁或義，性術乖也；動作趨翔，性識詭也。面色
或白或黑，身形或長或短，至老極死，不可變易，
天性然也。（王充《論衡・本性篇》卷三）

此善惡混同之論也。此說蓋亦誤情為性，或以欲為性，未達
性之本義。孟子所主之性為本然之性，惟其清澈，無有隱
蔽，故性善也。若激起為波，多有貪欲，是為情耳！性為情
之體，情為性之用，猶水為波之體，波為水之動也，故依孟
子言，情欲有善惡之混，而性則有唯善之明淨。

（二）理氣二元說

此理學家之說也，主分天理之性與氣質之性，性才二
事，理氣二元，亦稱重知派，故名理學，此派於北宋導原於
伊川，而大張於南宋朱子。前此張橫渠雖提出「氣質之
性」，於宇宙觀，倡「天人合一」之一元論，然論性亦已涉
入「本然之性」與「氣質之性」二元矣，至伊川而益著。

張載曰：

形而後有氣質之性，善反之則天地之性存焉，故氣

質之性，君子有弗性者焉，人之剛柔緩急，有才與不才，氣之偏也。（《正蒙注・誠明》卷三，頁九二）

馮友蘭曰：

橫渠之宇宙論，本為一元論，至講性時，則有時不自覺轉入二元論。（馮著《中國哲學史》，頁八六二）

程伊川（頤）云：

在天為命，在義為理，在人為性，主於身為心，其實一也。心本善，發於思慮，則有善有不善。若既發，則可謂之情，不可謂之心。（《二程遺書》卷十八）

又曰：

孟子言人性善，是也。雖荀、揚亦不知性也。孟子所以獨出諸儒者，以能明性也。性無不善，而有不善者，才也。性即是理，理則自堯、舜至於塗人，一也。才稟於氣，氣有清濁。稟其清者為賢，稟其濁者為愚。（《二程遺書》卷十八）

又曰：

> 性出於天，才出於氣，氣清則才清，氣濁則才濁。
> 譬如木焉，曲直者，性也；可以為輪轅、可以為梁
> 棟、可以為榱桷者，才也。才則有善與不善，性則
> 無不善。（《二程遺書》卷十九）

馮友蘭以為伊川認定性即人所得於理，「性即是理」，但人為
具體之人，則須依乎氣，氣有清濁，故人有賢愚之不齊，乃
人之氣稟一方面，伊川謂之才，才即材料之意，既發則謂之
情，如仁為性，「惻隱則屬愛，乃情也，非性也，因其惻隱
之心，知其有仁」。（馮著《中國哲學史》頁八八四並引《二
程遺書》卷十五）

　　朱子於此天理人欲二元之說，發揮尤多。朱子曰：

> 人之所以生，理與氣合而已。天理固浩浩不窮，然
> 非是氣，則雖有是理而無湊泊。故必二氣交感，凝
> 結生聚，然後是理有所附著。凡人之能言語、動
> 作、思慮、營為，皆氣也，而理存焉。（《朱子語
> 類・性理一・人物之性氣質之性》卷四）

又曰：

> 仁、義、禮、智，性也。性無形影可以摸索，只是
> 有這理耳。惟情乃可得而見，惻隱、羞惡、辭讓、

是非，是也。（《朱子語類・性理三・仁義禮智等名義》卷六）

又曰：

「心之所以會做許多，蓋具得許多道理。」

又曰：

「何以見得有此四者？因其惻隱，知其有仁；因其羞惡，知其有義。」（《朱子語類・性理三・仁義禮智等名義》卷六）

又曰：

「有是理而後有是氣，有是氣則必有是理。但稟氣之清者，為聖為賢，如寶珠在清冷水中；稟氣之濁者，為愚為不肖，如珠在濁水中，所謂『明明德』者，是就濁水中揩拭此珠也。物亦有是理，又如寶珠落在至汙濁處，然其所稟亦間有些明處，就上面便自不昧。」（《朱子語類・性理一・人物之性氣質之性》卷四）

伊川以《尚書・大禹謨》「道心」、「人心」之故訓，偶以《禮記・樂記》「天理」、「人欲」之對言，疏以「道心」為

「天理」,以「人心」即「人欲」。然聖人有人心,亦有人欲也,易滋後儒之困惑。朱子乃據之將心析為理氣二元之妙用,本乎理之心為人心,本乎氣之心為人心;道心為純粹之至善,人心得氣之正者為天理,茲為善,不得其正者為人欲,易為惡,故主制人欲而養天理,得其正者為聖人,以救伊川聖人亦有人欲之缺陷,西儒康德(Immanuel Kant 1724-1804 德國哲學家,著《純粹理性批判》、《實踐理性批判》、《賞鑑批判》三書,調和經驗論與理性論。)之理性約制說,殆近似之。

> 人心惟危,道心惟微,惟精惟一,允執厥中。(《尚書‧大禹謨》)
>
> 人生而靜,天生性也。感於物而動,性之欲也。物至知知,然後好惡形焉。好惡無節於內,知誘於外,不能反躬,天理滅矣!夫物之感人無窮,而人之好惡無節,則是物至而人化物也。人化物也者,滅天理而窮人欲者也。(《禮記‧樂記》第十九)

馮友蘭論朱子道德及修養方法曰:

> (朱子)以人得於理而後有其性,得於氣而後有其形。性為天理,即所謂「道心」也。因人之有氣稟之形而起之情,其「流而至於濫」者,則皆人欲,即所謂「人心」也。……然人欲終不能全蔽天理,即此知天理為人欲所蔽之知,即是天理之未蔽處。

即此「緊著力主定」，努力用工夫，工夫分兩方面，亦即程伊川所謂「用敬」與「致知」。(《中國哲學史》第二篇第十三章)

日本宇野哲人曰：

程伊川以舜之道心、人心，與《禮記・樂記篇》中的天理人欲之語相配合，而謂道心為天理，人心為人欲。……則不獨凡人，聖人亦具人欲，朱子為欲補缺陷，遂以人心得其正者為天理，不得其正者人欲也；聖人所有之人心為天理，凡人所有之人心則為人欲矣……以之與康德學說較之，則所謂道心，又可稱理性，人心，又可稱為感性。主「常依理性統制感性」之康德學說，與主「以道心為一身之主以制人心」之朱子學說，實極相似。(王璧如譯、宇野哲人著《中國哲學概論》第二章〈倫理說〉，頁八一)

（三）心性一元說

此心學家之說，主心即是理，「天理自在人欲之中」，亦稱重心派，故名心學。此說於北宋導源於程顥（明道），南宋發展於象山，有明大張於陽明。馮友蘭曰：「象山自幼即覺伊川語『若傷我者』，象山之學，雖與伊川不同，而與明道則極相近，明道〈識仁篇〉，以為學者須先識仁，識得此理，以誠敬存之，此外更無他事，象山之說，正與此同。」

象山曰：

> 孟子云：「盡其心者知其性，知其性，則知天矣。」
> 心只是一個心，某之心，吾友之心，上而千百載聖
> 賢之心，下而千百歲復有一聖賢，其心亦只如此，
> 心之體甚大，若能盡我之心，便與天同。（《陸象山
> 全集》卷三十五，頁十八）

又曰：

> 道塞宇宙，非有所隱遁，在天曰陰陽，在地曰柔
> 剛，在人曰仁義，故仁義者，人之本心也……愚不
> 肖者不及焉，則蔽于物欲而失其本心，賢者知者過
> 之，則蔽於意見而失其本心。

蓋以「吾人之心，本是宇宙全體」，然普通人則常有所蔽，
此象山所感喟：「宇宙不曾限隔人，人自限隔宇宙也。」

　　謹按：象山以易簡工夫而尊德性，頗不以朱子註經、解
經為然，嘲之為「支離事業」，嘗謂：「學苟知道，六經皆我
註腳。」極力反對朱熹天理人欲之分，嘗曰：「天理人欲之
分，自不是至論。若天是理，人是欲，則是天人不同矣。此
其源蓋出於老氏。《書》云『人心惟危，道心惟微』，解者多
謂人心為人欲，道心為天理，非也。心，一也，安有二
心。」故朱子言性即是理，象山言心即是理。此其相異處。

　　主心理一元說者，象山及其弟子楊簡、袁燮、舒璘輩

外，有明一代，以餘姚王陽明先生倡之最力，故世稱「陸王」。

陽明曰：

> 心即理也，天下又有心外之事、心外之理乎？（《王文成公全書》卷一，頁三，《傳習錄》上）

又曰：

> 心之體，性也。性即理也，故有孝親之心，即有孝之理；無孝親之心，即無孝之理矣！有忠君之心，即有忠之理；無忠君之心，即無忠之理矣！理豈外於吾心耶！（《王文成公全書》卷二，頁五，《傳習錄》中，〈答顧東橋書〉）

《語錄》又云：

> 先生遊南鎮，一友指巖中花樹問曰：「天下無心外之物，如此花樹，在深山中自開自落，於我心亦何相關？」先生云：「爾未看此花時，此花與爾心同歸於寂；爾來看此花時則此花顏色一時明白起來，便知此花不在爾的心外。」（《王文成公全書》卷三，頁二十七，《傳習錄》下）

陽明據此「心即是理」之說，「致良知」、「知行合一」之

論，厥功甚偉。

　　前舉三派學說，歷來學者，各從所好，各攄己見，發為文字，何慮億萬，折衷之說，本自行為外緣立論，初未深入心性根源，以《孟子》「乃若其情」句之本義辨之，亦可譫矣。至朱子理氣二元之論，後儒反對至多，而又以休寧戴震闢之最力。

　　東原（戴震）曰：

　　　　朱子云：「氣質之性固有美惡之不同矣，然以其初而言，皆不甚相遠也，但習於善則善，習於惡則惡，於是始相遠耳。」「人之氣質，相近之中又有美惡，一定，而非習之所能移也。」直會通（《孟子》七篇中）公都子兩引「或曰」之說解《論語》矣！程子（按指伊川）云：「有自幼而善，有自幼而惡，是氣稟有然也。善固性也，然惡亦不可不謂之性也。」此與「有性善，有性不善」合，而於「性可以為善，可以為不善」亦未嘗不兼；特彼仍其性之名，此別之曰氣稟耳。程子又云：「『人生而靜』以上不容說，纔說性時，便已不是性也。」朱子釋之云：「『人生而靜』以上是人物未生時，止可謂之理，未可名為性，所謂『在天曰命』也。纔說性時便是人生以後，此理已墮在形氣中，不全是性之本體矣。所謂『在人曰性』也。」據〈樂記〉，「人生而靜」與「感於物而動」對言之，謂方其未感，非謂人物未生也。〈中庸〉「天命之謂性」，謂氣稟之不齊，各

限於生初，非以理為在天在人異其名也。況如是說，是孟子乃追溯人物未生，未可名性之時而曰性善；若就名性之時，已是人生以後，已墮在形氣中，安得斷之曰善？由是言之，將天下古今惟上聖之性不失其性之本體，自上聖而下，語人之性，皆失其性之本體。人之為人，舍氣稟氣質，將以何者謂之人哉？是孟子言「人無有不善」者，程子、朱子言「人無有不惡」，其視理儼如有物，以善歸理，雖顯遵孟子性善之云，究之，孟子就人言之者，程、朱乃離人而空論夫理，故謂孟子「論性不論氣不備」。若不視理如有物，而其見於氣質不善，卒難通於孟子之直斷曰善。宋儒立說，似同於孟子而實異，似異於荀子而實同也。孟子不曰「性無有不善」，而曰「人無有不善」。性者，飛潛動植之通名。性善者，論人之性也。（戴著《孟子字義疏證》卷中〈性〉，頁九十四—九十六）

東原於此直斥程、朱論性似同孟子而實異，似異於荀子而實同，甚且斥其剽取老、莊、釋氏「主靜」及「無欲」，易以「主敬」、「存理」之名，竄改孔、孟心學之正傳。

東原曰：

人以有禮義，異於禽獸，實人之知覺大遠乎物則然，此孟子所謂性善。而荀子視禮義為常人心知所不及，故別而歸之聖人。程子、朱子見於生知安行

者罕觀，謂氣質不得概之曰善，荀、揚之見固如是也，特以如此則悖於孟子，故截「氣質」為一性，言君子不謂之「性」；截「理義」為一性，別而歸之「天」，以附合孟子。其歸之天不歸之聖人者，以理為人與我。是理者，我之本無也；以理為天與我，庶幾湊泊附著，可融為一。是借天為說。聞者不復疑於本無，遂信「天與」之得為本有耳。彼荀子見學之不可以已，非本無，何待於學？而程子、朱子亦見學之不可以已，其本有者，何以又待於學？故謂「為氣質所污壞」，以便於言本有者之轉而如本無也。於是性之名移而加之理，而氣化生人生物，適以病性。……以水之清喻性，以受污而濁喻性墮於形氣中污壞，以澄之而清喻學。水靜則能清，老、莊、釋氏之主於無欲，主於寂靜是也，因改變其說為「主敬」，為「存理」，依然釋氏教人「認本來面目」，教人「常惺惺」之法，若夫古聖賢之由博學、審問、慎思、明辨、篤行以擴而充之者，豈徒澄清已哉！程子、朱子於老、莊、釋氏既入其室，操其矛矣，然改變其言，以為六經、孔、孟如是，按諸荀子差近之，而非六經、孔、孟也。（《孟子字義疏證》卷中〈性〉）

惟陸、王心理一元之論，後儒亦有質疑。

羅整庵（欽順）曰：

> 夫心者，人之神明；性者，人之生理。理之所在謂
> 之心，心之所有謂之性，不可混而為一也。(《困知
> 記》,《正誼堂全書本》卷一，頁一)

心既與性不同，故「心即理」與「性即理」之言，亦自有
異。整庵又曰：

> (陽明)《傳習錄》有云：「吾心之良知，即所謂天
> 理也。」……又有：「問：『仁者以天地萬物為一
> 體。』答曰：『人能存得這一點生意，便是與天地萬
> 物為一體。』又問：『所謂生者，即活動之意否？即
> 所謂虛靈知覺否？』曰：『然。』又曰：『性即人之
> 生意。』此皆以知覺為性之明驗也。」(《困知記》
> 卷三，頁一)

陽明「以心為理」，即「以知覺為性」，故羅氏亦以陽明為剿
襲佛氏之說也。馮氏友蘭亦據此謂陸、王較朱子為近禪，則
亦誤以禪宗以概佛學，殊未計及法相、唯識亦重知也。惟其
「理學家之哲學需要二世界，心學家之哲學只需一世界」，
則為知言。

　　兩派互斥融佛近禪之事，楊幼烔氏謂程(伊川)、朱如
禪學之漸悟，陸、王如禪學之頓悟(楊著《中國文化史》頁
一九四)，要亦未為大過，至德通元，百川匯海，此亦自然
現象，千古學術，不可能絕不雷同，亦無可能互不影響也。
惟心性問題：程(伊川)、朱不承認為其一，陸、王不承認

有其二，歷來學者互為爭執，今人吳康先生曰：

> 善惡乃見之於行事之價值判斷，非自然之本有，人
> 性賦有理性情欲兩部分，由理性而發展者，如孟子
> 之仁義禮智四端，為質精純無疵，則目之曰善。循
> 情欲而發展而無檢制，出於爭奪而犯分亂理者，則
> 目之曰惡。故性之名一也，而為義不同。孟子之
> 性，指道德境界之本德，合於道德法則之正道者為
> 說，故善。荀子之性，指生物境界之本性，出於本
> 能動作，而多不合道德律令，故惡。（吳著《孔孟荀
> 哲學》卷二，頁二〇）

吳氏論性，同於告子，論理性情欲，則又近程、朱，雖於性
中分出道德性及生物性，然亦僅能析其流而不能會其元，惟
海陽周先生能統其要而匯其歸，以為性為物質，心為靈明，
必須相附而生，相互為用，此心物綜合，無偏無執，允執厥
中之論也，斷斷眾爭，於焉可定。

海陽周紹賢先生曰：

> 古人對於心性多混言之，孟子亦將心性並為一談，
> 宋儒好將心性分別解釋，如邵康節云：「性者道之形
> 體也，心者性之郭郭也。」張橫渠云：「心統性情者
> 也。」朱子云：「靈明處只是心，不是性，性只是
> 理。」「性便是心所有之理，心便是性所會之地。」
> 胡仁仲云：「性者天地之所以立也，心性二字為道義

淵源，未發只可言性，已發乃可言心。」雖作如此
分析，然有時亦仍混而言之。朱子云：「性即理。」
象山云：「心即理。」伊川云：「在天為命，在義為
理，在人為性，主於身為心，其實一也。」是則心
性為同物而由異名矣，蓋心性相輔，無先後，無輕
重，故可說心即理，性為生命本體，心為覺解靈
明，無生命則無覺解，無覺解亦不成為生命。性為
領受此理者，未發只可言性，理寓性中，心附於
性，則性為主矣；已發乃可言心，推動此理言，惟
憑心之靈明，則心為主矣；心性相互為用，一而
二，二而一也，不易強為之分介也，故孟子所言之
善性良心，實為一體，而養性養心，又為同義也。
（周著《孟子要義》，三〈修養〉，頁一八—一九）

——《中華易學》第 2 卷 4 期（1981 年 6 月），
頁 19-23；《中華易學》第 2 卷 5 期（1981 年
7 月），頁 18-22。

孟、荀性善、惡之異同

引言

　　《易‧乾卦‧文言》：「君子體仁足以長大，嘉會足以合禮，利物足以和義，貞固足以幹事。」故〈說卦傳〉：「……立人之道，曰仁與義……。」所以孔子的學術思想，一切皆「依於仁」，孟子闡揚孔子的學說，更強調義，也是照著《易經》的精義去發揮的，雖然孟子不直言《易》，而極其明顯底看出，他的思想淵源歸宗於《易經》而來，是沒有疑問的。

　　荀子雖稍後於孟子，但是他致力於傳播孔子的儒家思想而與孟子並駕齊驅。荀子認為一個君子應該「唯仁之為守，唯義之為行」。足證與孟子一樣的重視仁義。但為什麼在學術見解上「性善」和「性惡」的問題，差異如此之大，他說：「人之性惡，其善者偽也……。」其實孟子主「性善」，乃強調「仁」的功用，擴充此良知良能，「人皆可以為堯、舜」。荀子主「性惡」則是意在引用禮的約制，以袪除私見的劣根性，使「積禮義而為君子」，大家既希望人人本「性善」的主張去「為善」；也希望人人從「性惡」的省察要「去惡」，所以孟子、荀子的思想，其意在勉人正心修身，則並無二致。

　　筆者在本刊二卷四、五期論述孟子性善說已甚詳，但對孟、荀性惡之辯，尚覺言有未盡，故對其性善、惡所以異途的學理，似有更深層的剖析與匯歸的必要，特從哲學、心理、名學、實用諸觀點，再分論如次：

（一）哲學觀

　　或自西方哲學觀點論之，則荀強而孟弱：蓋荀學重批評，重知識；孟學則重經驗，重行誼也。

　　梁任公為儒家哲學下定義曰：

> 以西方哲學方法研究儒家，則研究不到儒家博大精神處，最好以《莊下・天下篇》「古之道術有在於是者」之「道術」為宜。（梁著《儒家哲學》第一章）

任公〈儒家哲學〉一文，亦謂哲學（Philosophy）一詞，譯自東瀛日本，施諸儒家，尤為不合，蓋儒家首重在行誼，不在知識，與西方哲學，一重行誼，一重知識，至為精皙，顧論及墨子，謂：墨家長處，在以知識立腳點，荀子因一變亦轉向知識，凡〈解蔽〉、〈正名〉諸篇，大抵皆知識之事。（熊著：〈孟子與所謂荀學之研討〉，《孔孟學報》第十五期）

　　今人楊筠如《荀子研究》引《荀子・性惡篇》「善言古者必有節於今」語，讚許荀子「有徵於古，而且有驗於今」。復引《荀子・性惡篇》曰：

> 故性善則去聖王，息禮義矣！性惡則與聖王，貴禮
> 義矣。故隱栝之生，為枸木也；繩墨之起，為不直
> 也；立君上，明禮義，為性惡也。

以為古來立君制禮，即為性惡之證，故《荀子・禮論篇》又
曰：「先王惡其亂也，故制禮義以分之。」楊著以為此荀子
有徵於古之論；至荀子有驗於今之論，楊著亦引〈性惡篇〉
曰：

> 今當試去君上之執，無禮義之化，去法正之治，無
> 刑法之禁，倚而觀天下人民之相與也，若是則夫強
> 者害弱而奪之，眾者暴寡而譁之，天下之悖亂而相
> 亡，不待頃矣。用此觀之，然則人之性惡明矣！其
> 善偽也！

此即云設孟子不信性惡，即時可以試驗，但若一旦撤去規矩
禁防，人將即刻作惡，楊著純以荀子觀點論據，雖未臻完
備，然自重知實證角度證之，荀學實轉為完密。

牟宗三先生以為：

> 荀子之思路實與西方重智系統相接近，而非中國正
> 宗之重仁系統也。（牟著《荀學大略》自作前序）

馮友蘭亦以為中國哲學家中，荀子為最善於批評哲學者
（《中國哲學史》十二章）。渠以西人詹姆士之見，以為哲學

家可依其氣質分為柏拉圖代表之「軟心派」，及亞力士多德
所代表之「硬心派」，以此方之孟、荀，則孟子屬軟心派，
傾向唯心；荀子屬硬心派，傾向唯物。孟子認定之天，為主
宰之天、運命之天、義理之天；荀子則認定是自然之天，主
自求多福。孟子既認定義理之天，而性為天之一部，此孟子
言性善形上學之本也。荀子既認定自然之天，其中本無道德
之原理，故此亦為其主張性惡之原也。西方哲學重智、重方
法、重系統分析，故自哲學觀點言之，則似荀強而孟弱矣！

（二）心理觀

　　或自心理觀點論之，則孟是而荀非：孟子主性善，修善
如順風揚帆，易於著力；荀子主性惡，修善如逆水行舟，易
趨消極，易墮凶機。
　　陳大齊先生曰：

　　依照孟子人性本善學說，修養為順性之事，順風揚
帆，易於為力。故孟子性善說令人存有上進之望而
不自餒，不致自餒而自甘暴棄。依荀子人性本惡學
說，修養為逆性之事，有如逆水行舟，不易為力。
故荀子性惡說，足令人沮喪而挫弱其進修之勇氣，
或以此自餒而甘於暴棄。主性善則前途光明而振
奮；主性惡則前途黯淡而沮喪。（陳著：《孟子性善
說與荀子性惡說的比較研究・結論》）

熊公哲先生曰：

> 荀氏乃齊學，此學術源流所繫，恨吾辨之不早耳！
> 《管子・樞言篇》：「人之心悍，故為之法。」「人固
> 相憎也。」此性惡說之所自出也。孫總理不云乎？
> 「共產邪說，起於人類相恨之心；三民主義，起於
> 人類相愛之心。」相愛，即性善說：相恨，即性惡
> 說，故從孟子之道，則盈天地皆生機也。何以故？
> 以其導發人性，認性為善；本此以言仁，則相愛之
> 心勝。從荀氏之道，則盈天地皆殺機也。何以故？
> 以其否定人性，認性為惡；本此以言禮，則相恨之
> 心勝，故區區所以一變而推尊孟子者（謹案：熊氏
> 曾著《荀子學案》，備尊荀子，故作是語），亦尊夫
> 人性故也。（熊著：〈孟子與所謂齊學之研討〉，《孔
> 孟學報》十五期刊）

（三）名學觀

或自名學觀點論之，則名異而實同：仁、義、禮、智之
為善，胥孟、荀二家所認同，設孟子不云性善，逕云仁善、
義善、禮善及知善，則荀子必然無異辭；荀子不云性惡，而
逕曰欲惡，則孟子亦必翕然無異見，此用名相異，而義理實
同也。又以二家皆由情觀性，誤認性情為一致，其名雖異，
其實則同。

陳大齊先生曰：

孟子與荀子同以仁、義、禮、智為善，又同以感官
方面的嗜欲為惡。設若孟子不概括地用一個性字，
而分別用仁、義、禮、智四字，不言性善，而言仁
善、義善、禮善、智善，則荀子只能贊同，不復有
反對的餘地。又若荀子不用性字，而逕用欲字，不
言性惡，而言欲惡，則荀子亦發現，自己所主張
的，亦正是孟子所主張，無所用其反對。申言之，
假若孟子以荀子所說的性為性，則必主張性惡；假
若荀子以孟子所說的性為性，亦必主張性善。徒以
用名不同，形成貌似水火的敵對主張。故孟子性善
說與荀子性惡說的歧異，只是用名上的歧異不是義
理上的歧異。若就義理而言，兩家所說，不但無所
牴觸，儘可謂為相同。

陳先生又曰：

孟子所說的人之性，原是善的，經不起「旦旦而伐
之」，早已喪失無餘，要設法重新恢復，好像一片園
地，本來花木茂盛，甚為美麗，現在則久經荒廢，
雜草叢生，亂石成堆，必待整理亂石，種植花木，
始可逐漸美化。這兩片園地，其現狀的荒蕪，是相
同的，其有待整理種植，亦是相同的。所不同者，
孟子構想其原屬美麗，荀子則未作此構想而已。在

此一點上，兩家之見，誠可謂為相異，乃至可謂相反。但此細微的相反，不足以影響兩家學說之可謂大體相同。（陳著：〈孟子性善說與荀子性惡說之不相牴觸〉，《孔孟學報》第十三期）

日本服部宇之吉曰：

孟、荀二子的性說，表面雖然相反，然皆由情觀性，二者均未直接就性之本體立論，乃就其發為情時加以觀察研究，然後溯源於性，下以判斷。本來性所起之作用即為情，若以情為動，則以性為靜矣。然性若常靜，又何能生情？故孟、荀並不就動靜立言，都以性情為一致，孟子以情善故性善，荀子以情惡故性惡，自《禮記‧樂記篇》以人生而靜為天之性，感而動之為性之欲，後儒才以動靜觀性情。（服部著：《儒教與現代思潮》第三章，鄭子雅譯）

（四）實用觀

或自實用觀點論之，則勢均而力敵：孟子言性善，乃勉人為善，欲導其善以絕惡；荀子主性惡，乃疾人之惡，欲制其惡以全善。孟學為獎誘，荀學為督責，各有其功，未可偏廢也。

陳大齊先生曰：

孟子性善說為後世儒家所宗，成為儒家之正統學說。荀子之性惡說，後世認為思想的毒素，等於洪水猛獸，自更無人敢於稱道。以荀子的性惡說視同洪水猛獸，實亦非持平之論。設荀子依據其性惡說的主張，論定人性之不能改途易轍，教人安於惡而不必妄興為善的念頭，則荀子的性惡說確將等於洪水猛獸；今荀子雖主章性惡，既未教人順從性情而安於為惡，亦未論定人性之不可化導，卻諄諄以矯情化性為言，以智明行修為教。平心觀孟、荀二子之說，公允許之，實各有其價值，亦各有其利弊，此方之利即彼方之弊，此方之弊正彼方之利，不可偏也。（陳著：《孟子性善說與荀子性惡說的比較研究・結論》）

盧元駿先生曰：

孟子之性善說，是「草兒在前」之獎誘；荀子之性惡說，是「鞭兒在後」之督責。西哲詹姆士曾云：「哲學家可依其氣質分硬心及軟心兩派，柏拉圖為軟心代表，亞理斯多德為硬心代表。」準此，吾人亦可謂孟子為軟心哲學家，荀子為硬心哲學家矣。（盧著：《四照花室論文集》，頁四四一）

高維昌曰：

議荀子者，譏其性惡之說，謂與孟子言性善相反，不知其似相反而實相成也。孟子言性善，言其初也；荀子言性惡，言其後也。孟子言性善，指上知而言也；荀子言性惡，指下愚而言也。……然則孟子言性善，乃勉人為善，欲導其善以絕惡也；荀子言性惡，乃疾人之惡，欲制其惡以全其善也。（高著：《周秦諸子概論》二編四章）

此蓋取向不同，而論點各異所致也。至黃岡熊（十力）先生，方抉其竅而破其障。

熊十力先生曰：

「性善」、「性惡」，二說相反也。而善統治惡，乃反而相成。

孟子言性善，就吾人與天地萬物共同之真源而言也（自注：謂宇宙本體），真源無有不善（自注：本體無有作意，無有雜染，故無惡）；荀卿言性惡，就吾人有生以後，妄執小己而言。真源之流（自注：猶云本體之流行），不得不分化，分化故有小己，小己不得無欲。欲動，而徇於小己之私，且狂迷不返者，其變也。小己之私欲，狂逞不反，即障蔽真性（自注：真源，在吾人分上言，即是吾人真性），此所以成乎矛盾也。然復須知，小己之私欲，雖足以障蔽真性，而真性畢竟不壞滅，譬如浮雲雖能蔽日，而日光未嘗不在，浮雲消散，則大明遍照無窮

矣！（大明謂曰）儒家求己之學（自注：此中「己」字，是大己，非小己；大己者，真性也，儒家節制私欲，在求認識大己而已），節制私欲，以完復其固有之真性，則矛盾化除，而真性常得為四體之主。即小己之欲毋妄逞，而亦莫非真性流行，無所謂私也。故性惡論者，雖足以糾正性善論之忽視矛盾，而性善論究不因有矛盾而失據。且凡言性惡者，無有肯許惡行為人生之當然，仍歸本於為善去惡。是則因去惡之勇，而益見吾人固有善根之發展不容已，善惡適以反而相成，故曰善統制惡。（熊著：《原儒》上卷〈緒言〉第一）

孟子性善，蓋言吾人與天地萬物共有之真源，真源無惡，故無不善；荀子言性惡，蓋指吾人有生而後妄執小己之象也，小己有私欲，故易障蔽其性；然私欲蔽真性，真性畢竟不壞滅；一若浮雲之蔽白日，而日光未嘗不在也。故惟完復固有之真性，為四體之主宰，發本有之善根。蓋言性惡者，亦未嘗許行惡為人生之當然，是因其去惡之勇，仍歸本於為善，二說相反，而善統治惡，乃反而相成，此熊氏之正見也。雲林王博士，始別其流而會其元。

國家博士王邦雄弟曰：

孟、荀人性論之異說所造成之爭論，已困擾了學術思想界兩千年，其癥結在於兩家所謂之性，名同而實異。荀子之人性論，著眼在人之情欲爭奪心的存

在，與孟子之著眼在人之道德自覺心的存在，實大
有不同。一為生理之情性，一為價值之心性，前者
指人與禽獸所共有者，後者指人與禽獸所別異者，
故二家在性字所指之內涵，顯然有異，如辭讓之
心，孟子取以為人性的內容，荀子則捨諸性外，而
直以爭奪之心列於人性之中；是非之心，孟子收諸
性內，荀子則置諸性外；感官之欲，孟子所排諸性
外的，荀子則收入性內。故荀子之性惡說，若針對
孟子而立說的話，實是未能把握孟子人性之所指。
而後起學者，不明乎此，徒然捲入雙方辯議，於性
善、性惡、性無善無不善及善惡混間打轉，遂愈推
愈遠，也不會有彼此認同的結論。（王著：《韓非子
哲學》四章，一○六頁）

又曰：

《荀子》曰：「性者，天之就也；情者，性之質也；
欲者，情之應也。」然其上之天為自然之天，天就
之性，亦落於生理自然而言，無道德價值之意涵，
故惟基於其下之情與欲而言。故曰：「夫好利而欲得
者，此人之情性也。」孟子之性，與心統合為一，
故曰：「君子所性，仁義禮智根於心。」故一重情
性，一重心性。孟子之情，亦統之於心，心善故所
發之情亦善；故曰：「乃若其情，則可以為善矣，乃
所謂善也。」荀子之心，非道德自覺心，而為認知

> 虛靜心，與性相離為二，故情出乎性，性惡而所發
> 之情亦惡。情來自性，其外發則為欲，欲不加節制
> 則爭，故曰：「從人之性，順人之情，必出於爭
> 奪。」（見前者同章同頁）

以此，知孟子乃由上而下，即由心觀性；荀子乃由下而上，即由欲觀性，前者重心，後者重知，此其扞格齟齬之源也。若非析其本真，強為離合，其非持方枘欲內圓鑿，終將大惑不解乎？夫孟、荀二家性善、性惡異說，必須廓清，方能討源索流，理其紛繁，孟子以主性善，人皆可以為堯、舜，故於政治，乃衍為自由民主之精神，此韓文公美其醇乎醇者也！荀子以主性惡，人之性惡必須仰制，於政治，乃演為法治、理治之專政，此其弟子韓非、李斯衍為法家且造成暴秦專制之必然結果也。於教育而言，孟子以主性善，故以學者為中心，尊重其個（善）性，發展其個（善）性，進而啟發其思想，以助長其成全堯、舜之人格；荀子以主性惡，故於教育演變而以教者方為中心，抑制其個（惡）性，消滅其個（惡）性，進而統治其思想，以強迫其實踐堯、舜所遺之禮制。孟子之政教，主內修而外放，荀子之政教，主外制而內斂。此坐標不同，立場各異，設不破此迷嶂，欲索孟學底蘊，則如緣木求魚，登山掘井之謬矣。

〈中庸〉曰：「喜怒哀樂之未發，謂之中；發而中節，謂之和。中也者，天下之大本也；和也者，天下之達道也，致中和，天地位焉，萬物育焉。」孟子主性善，中和之性也。以之修身，可以正心；以之接物，可以利群。故孟子性

善之說，實為致中和、位天地、育萬物、生生不息之大本也，欲明孟子之學，必先自知性善始。

孟子曰：

> 可欲之謂善，有諸己之謂信，充實之謂美，充實而有光輝之謂大，大而化之之謂聖，聖而不可知之之謂神。（〈盡心下〉）

又曰：

> 堯、舜性者也，湯、武反之也，動容周旋中禮者，盛德之至也。哭死而哀，非為生者也；經德不回，非以干祿也；言語必信，非以正行也。君子行以行俟命而已矣。（〈盡心下〉）

——《中華易學》第 2 卷 10 期（1981 年 12 月），頁 21-24。

孟子義理之天之認知與
人性本善論之建立

一、前言

　　自有文明以來，吾人對於周遭事物，均能憑一己或交換之觀察、思考、經驗、比較或分析，均可得其整體或片面之知識或最後之真象。蓋無論其有形或無形，動態或靜態之事物，尚可以儀器使其質變或量變，知其因素而究其底蘊也。惟獨吾人之生存空間——宇宙——亦即世人所習稱之天，則眾說紛紜，莫衷一是，故有謂天為創化萬有、無所不知、無所不能、亦無所不在之神性義者，有謂天為主宰一切，支配一切之運命義者，有謂天為塊然一物之自然義者，有謂天為有情亦有理之人格義者，有謂天為眾理所出，真理之源之形上義者，各就所見，各據其理，而各擅其說，真箇見仁見智，多采多姿。其實以吾人之知識而論：謂此天為自然、為天神、為上帝，固無所不可；謂吾人之生命固不由自己而生，而由父母所生，亦由得天地萬物之養而生，或謂為此自然中之天神之創造所在，亦無所不可。蓋此各人均可自其自

有之神學或形上學或形下學而立論[1]。此種論點，原自出於人之推論及想像，或出自其個人獨得之啟示，非自一般之學理或知識中得來，故不為眾人所共見，亦不易為眾人所周知；然此種想像、推論與啟示，亦因文化背景之互異，乃亦因之互不相同，以至永相爭辯，永相排斥，以至演變成流血慘劇，甚且擴大為慘烈戰爭！此種慘劇之發生，本亦無此必要者，因其為發自信仰，甚且為發自感情之所為；此種導致人類之互相屠殺，互相隔膜，吾人可以謂為完全導源於人之認知互異，感應互由，乃導致成信仰互異，進而造成一種意念執著之排斥，乃至釀成衝突，釀成宗教之戰爭。此種悲劇之形成，吾人甚且可以謂為導源於人之認識與信仰不同之意旨，而非出自神明之本原意旨之所為。吾人如認定天與神確實存有，且又為「真理之本源，義理之所出」，則不能採絕對之權威主義，亦絕不能採絕對之唯理論或無神論；吾人應採取一種合理之理性主義，此種合理之理性主義，無庸外求。吾人試回顧我國孔、孟思想中之天道觀，殊不難發現其調和天人關係使之合一一貫之軌跡，殊有助於人文主義與宗教哲學之開展也。

二、孔子之天道觀乃以人道相應天道

孔子曰：「敬鬼神而遠之。」[2]此語最能表現孔子之宗教情操，孔子此語中之「鬼神」，實亦與上天與上帝互訓，「敬

1　唐君毅：《中國哲學原論・原道篇》，頁242。
2　《論語・雍也》。

鬼神」者，因天神地祇創化生命，於我生也有恩，故敬之以示不忘其本也；「而遠之」者，蓋鬼神不可知，不可測，尤不可狎，故不可因神事而廢人事，因神道而廢人道，故以此人道相應天道，故事人事先於事鬼神之事也。

孔子又曰：「獲罪于天，無所禱也。」[3]「獲罪于天」之「天」字，孔穎達疏謂：「以天喻君。」朱熹《集注》謂：「以天喻理，謂『天理』也。」李杜先生引清錢大昕《十駕齋養新錄》以駁斥之，謂朱子不當排除孔子之天之神性義[4]。余則以為朱子之見甚當。朱子不僅未排除孔子之天之神性義，且建立其合理主義之神性之天與義理之天義也。

陳榮捷先生則以為理學之「理」，為宋儒所提倡，非孔、孟之本意[5]。其實無妨，孔子與顏淵論仁、言禮之四目，禮即具充分之「合理」、「義理」義，此古今語言表達之相異處，殊無害於思想義蘊也。蓋孔子認定上天如有權威，則此權威不惟有創化生命之能力，且又為「真理之本源，義理之所出」，方是其真正無上權威義，方是其不可侵犯義，故孔子畢生倡導仁（人）道以相應天道也，故孔子以人事先於鬼神事也。孔子謂「下學而上達」，亦即夫子指示以踐此人理以相應天理也。孔子所示，實人理之事，乃在於克己復禮之一事，乃在於忠恕一貫之道之一事，吾人日常為人如悖違此人事與此大道，亦即違背天理與天道，是即獲罪於天之事實矣！故犯違禮背義之罪行，則無所逃於天地也，是即所

3　《論語・八佾》。
4　李杜：《中西哲學思想中的天道與上帝》，頁 60。
5　陳榮捷：《王陽明與禪》，頁 23。

謂「無所禱也」！

　　吾人若既一面作姦犯科，又一面口誦佛號；即一面殺人越貨，又一面入教堂禮拜懺悔，冀神明恕罪贖罪，若此，設即得神佛庇護，則神佛尚有尊嚴權威可言乎？

　　是故宗教家重「信」，謂信則得救，是宗教家之一宇宙；無神論者重「質」，無證據則懷疑，是知識界懷疑論者之一小天地；而孔子則曰：「立天之道，曰陰與陽；立地之道，曰柔與剛；立人之道，曰仁與義。」[6]則天、地、人三才之德，實合陰陽、剛柔為一體也。中正和平，生生不息，各安其分，各盡其事，故孔子勉人事鬼神則敬而遠之。而此以人事踐天道、以人事揆天理之天道觀，則為唯一之天人合一之合理主義也。

三、孟子義理之天之承傳與建立

　　孟子為一醇儒，為儒門尊為亞聖，其思想軌跡，自以儒術為本，以孔學為宗。故其天道思想，大體亦因襲孔子之合理主義，要亦以人道以揆天道，以人理以相應天理，故能自義理無所不在之天理用以推出性無不善之人性論也。

　　蓋人本自然之天命而有此神妙之生命（人之五官構造之質料及靈明智慧，莫不來自此自然之天命），於是悅耳之音，有同嗜焉；悅目之色，有同嗜焉；悅口之味，有同嗜焉。而人之味，又異於犬馬之味；而人之味，又天下同期於

6　《易經・繫辭》。

易牙之味。故孟子以此類推，知天下人心之所同然，天下人心皆期於堯、舜仁義之道也。凡人既皆有此同嗜仁義之天性，故知義理之天本已無所不在也，惟心懵然而不自覺耳！而又賴聖人之先得我心之所同然耳！

孟子勉吾人欲知天道之奧秘者，則惟盡心焉耳矣！故曰：「盡其心者，知其性也，盡心知性以知天。」[7]

孟子以為天序天秩或隱或顯，或動或靜，而實無所不在。天理流行，貫於萬物，而於人類為獨厚，故善引《詩》曰「天生烝民，有物有則，民之秉彝，好是懿德」[8]也。孟子以為人之善性亦為天理流行之一支，亦為天無有不善之所自然出，惟人逐次以功名利祿之引誘習染而逐漸放失之，故孟子主張盡此心以收放失之心，亦即擴充此惻隱之心以顯此先天之仁性，擴充此羞惡之心以顯此先天之義性，擴充此辭讓之心以顯此先天之禮性，擴充此是非之心以顯此先天之智性。是即盡此心以顯此隱秘之性以顯此高明之天也，亦即以此仁義之性而知仁義之天也。孟子又曰：「萬物皆備於我矣，反身而誠，樂莫大焉！」[9]萬物皆本諸上天所提供之生命質料而存有，是天之命即分布於萬物之中，我人類之生命亦本諸上天賦與之天性，故吾人但盡此心則能知此性，亦能知此天矣！吾人但能盡此善心則能見此善性，見此善天矣！此孟子義理之天之概念之建立也。

孟子善引《詩》、《書》以說天，除前引〈烝民〉之詩

7　《孟子・盡心》。
8　《孟子・萬章》。
9　《孟子・盡心》。

外，尚數引《詩》、《書》，一面承認天之神性義、權威義，
一面又推出天之義理義，如：

> 天作孽，猶可違；自作孽，不可活。[10]
> 〈伊訓〉曰：「天誅造功自牧宮，朕載自亳。」[11]
> 天之方蹶，無然泄泄。[12]

此所引者，如「自作孽，不可活」、「朕載自亳」、「無然泄
泄」之成因，與孔子「獲罪于天」之「獲罪」之語意全然同
義，均全然為人事之事，此亦為孟子開出之自律主義，亦即
自由主義之本源。蓋天降災禍，猶可以敬畏、勤慎之人事以
規避之，以天道寬容也；而「自作孽」而「泄泄」者，則於
不自覺不自律中所作錯誤之犯行，所為傷天害理之惡德，如
桀與紂之惡行，人道全失，故人怨而天怒、天討（實亦人
討），故無所逃於天地之間也。

　　《孟子・離婁篇》有云：「上無道揆也，下無法守也，
朝不信道，工不信度；君子犯義，小人犯刑，國之所存者，
幸也。」趙岐註曰：「上無道揆者，言君子無道術可以揆度
天意也。」孟子以為天道可度之以為治理天下之道之本源，
則此語實為孔子「人能弘道，非道弘人」[13]之語作一最好之
詮釋，實亦孔子歎美唐堯則天之至意。於此可見此「真理之

10　《孟子・離婁》。
11　《孟子・萬章》。
12　《孟子・離婁》。
13　《論語・衛靈公》。

本原」、「義理之所出」之天之理，仍須吾人努力以揆之度
之，自律之，自肯之，自批判中有認知而力行之也。夫「仰
觀象於天，俯則觀法於地，觀鳥獸之文與地之宜，近取諸
身，遠取諸物，於是始作八卦，以通神明之德，以類萬物之
情」[14]，孔子已言之矣！故孟子亦謂：「夫君子所過者化，所
存者神，上下與天地同流。」[15]是均即天地自然以說天德，
自自然之天序（日月位焉）、天行（四時行焉）而揆天道，
自形下義而轉入形上義，其神性義之天亦自自然而轉化，非
自虛幻浮想駕空而立言也，故孟子曰：

> 耳目之官，不思，則蔽于物；物交物，則引之而已
> 矣。心之官則思，思則得之，不思則不得也。此天
> 之所與我者。先立乎其大者，則其小者不能奪也。
> 此為大人而已矣[16]。

心之官思則得之，亦即君子深造自得之道也。此自得之道為
何？曰：「人之倫常也，天下之公義也，推而上之，亦即天
理、天序也。」《孟子》此章，今人或謂此為孟子所認天為
理氣本源之根據，以為天賦理性，亦有情慾性，亦即宋儒
「理氣二元」或「理先氣後」論爭之焦點[17]。實則非是。此
章精義，筆者以為休寧戴震東原先生疏之最洽，戴氏曰：

14　《易經・繫辭》。
15　《孟子・盡心》。
16　《孟子・告子》。
17　李杜：《中西哲學思想中的天道與上帝》，頁80。

人之才，得天地之全能，通天地之全德，其見於思乎！思誠則立乎其大者矣！耳目之官不思，物之未交，沖虛自然，斯已矣！心之官異是。人皆有天德之知，根於心，「自誠明」也。思中正而達天德，則不蔽；不蔽則莫能引之以入於邪，「自明誠」也。耳之能聽也，目之能視也，鼻之能臭也，口之知味也，物至而迎而受之者也；心之精爽，馴而至於神明也，所以主乎耳目百體者也。聲之得於耳也，臭之得於鼻，味之得於口也，耳目百體之欲，不得則失其養，所謂養其小者也。理義之得於心也，耳目百體之欲之所受裁也，不得則失其養，所謂養其大者也。[18]

戴氏謂人能通天地之全德，孟子謂「立其大者」，即勉人通此天地之全德也！天地之全德者何？即此純然至善之義理也。天性純善，桐城方先生東美言之至肯，謂天以生物為心，故純是善[19]。故《易・繫辭》謂：

一陰一陽之謂道，繼之者善也，成之者性也，仁者見之謂之仁，知者見之謂之知。

又謂：

---

18 戴震：《原善》卷中。
19 方東美：《中國人生哲學概要》，頁 30。

天地設位而易行乎其中。成性存存，道義之門。

程石泉先以上文即見儒家所見之宇宙，非常人習云為靜止不變之物體或空間，且為「生生不已」、「創化不息」之有機體；宇宙之運行，亦非盲目機械之運作，而在於求價值意義之實現[20]。

吾人試觀宇宙萬類，上而日月星辰之運行，下而山嶽河川之分布，中而陰陽五行之相生相尅，原野中之野生動物之相依相存，相殘相生；進而花草樹木一年四時之生、長、熟、藏，亦莫不井然有序，以維持其生態平衡也。即以吾人個別之軀體而言，五官之各有其能，四肢之各有其用，而臟腑之各司其功，尤以小腦之司平衡，大腦之司思考，有記憶，有情感，知未來，決千里，此實上天最精密之創造，而其個體又不能有絲毫差誤短缺之結構也。謂非神蹟，謂非天理、天序之能力，孰能信之！

匪僅人類，即所有動物：飛者予其翼，游者予其鰭，潛者予其甲，攀者予其爪，而強者巨者予其雄智與鋒利之爪牙，弱者小者予其靈敏之感覺與偽裝之色彩，各有獨特之造形，各有生活之條件，又各有適應之本能。再以植物而言，根鬚自地底而生，軀幹向青空挺立，而綠葉千層，繁花萬種，色艷香濃，更美化此多彩多姿有情有義之大千世界。他如虎豹百獸之斑斕，昆蟲蝴蝶之圖案，奇花異卉之構形，姹紫嫣紅之色彩，良工所不能繪，巧匠所不易染，謂非神蹟，

---

20 程石泉：《中西哲學論叢》，頁123。

謂非天理、天序之能力，孰能信之！

上古民智未開，人見雷霆閃電，則以為天發威；見颶風暴雨，則以為天降禍，河有河伯，山有嶽神，此不惟中土，即世界各民族各地方亦莫不皆然也。若今之美、澳、非洲之若干民族，仍流行強烈之圖騰主義（Totem），仍可見此神權思想之無遠弗屆也。惟吾先民之敬天神地祇，仍有其報本知恩之精神在，未可全然以荒唐迷信之舉視之。早期儒家，胥能提振此種精神，視天為人格神之上帝，孔子之「知我者，其天乎」[21]、孟子之「我之不遇魯侯，天也」[22]之天，均有此人格神之意味，然涵蘊道德價值極濃，惟晚出之荀子，則不惟破除世俗迷信之觀念，亦根本拋棄天有道德價值之內涵[23]。

孟子天道觀之道德價值義與形上義，前脩時賢幾莫不認同，甚且肯定。今人勞思光先生則獨持異說，勞氏以孟子以人之自覺心中之價值意識作為人之「性」，原不依恃任何外在之存有，並強調孔子思想之特色在強調自覺心之主宰地位，孟子之心性論亦承此立場而建立，又謂先秦北方思想傳統又向無形上學之旨趣，則孟子何以勿採取後世之形上學觀點（自註：為《中庸》所代表）[24]？勞氏以此為不近情理，並引《孟子》「盡心知性以知天」章以質疑，謂「知性知天」則性比天大，與《中庸》「天命之謂性」認定為形上實

21　《論語・憲問》。
22　《孟子・梁惠王》。
23　張亨：〈荀子與老莊〉，《思與言》五卷五期。
24　勞思光：《中國哲學史》（一），頁140。

體相牴牾。勞氏遽以此認定孟子之天無形上旨趣，此蓋勞氏將「天」與「性」均淪入物化概念中而誤出也！孟子言性，而性分靜祕，故盡心之德以知之；天道高遠，故盡性之善以知之。以吾性之本善，以證知天之無不善；天之無不善，則其創化之人類之本性亦無有不善矣！此孟子性善論之形上根據也！此孟子之以小喻大，以普遍原理推斷特殊真象之演繹法也。孟子本章結語已明言「存其心，養其性，所以事天也」，已充分透顯其形上意義在，而勞氏竟謂為不可解，殊可異也。勞氏未知孔、孟原典中之天，往往與「上帝」、「天帝」、「天神」有互訓義，且又不採以經解經之客觀精神，竟至碎裂《孟子・盡心》一章以曲解，吾竊為勞氏所不取也。

　　勞氏又謂：「孟子之思想，以心性為中心，落至政治生活上，乃形成其政治思想，宇宙問題及形上學問題，皆非孟子留意所在。」又謂：「孟子之心性論，全建立于『主體性』觀念上，無論其論證強弱如何？處處皆可以離開『形上天』之假定而獨立，則『天』觀念在孟子思想並無重要地位，似亦無疑。」[25]

　　勞氏此見，殊未思形上天為孟子性善論之根本，性善論、仁義說乃孟學之軀榦，換言之：論天論性為孟學之本體；論政論教則孟學中依此根本而生之枝葉、之方法也。勞氏今斷去孟學之根本，尚能冀其枝葉峻茂歟！

　　勞氏之說，如能成立，則孔、孟「天人相應」、「天人合一」之說，均將不存，孟子所見義理之天亦淪為自然物化之

---

25 同前書，頁148。

天！依勞氏之言，孟子與荀子之天，實亦同轍，則吾人實深為孟子心性論之形上依據危！天既失去其至善原理之意義，則孟子「萬物皆備於我矣」、「上下與天地同流」諸語，皆將失去其著落矣！孟子竟亦一如荀子，自斷其人天之間之精神紐帶，使人類淪為天地間之孤兒，則其人性自無不善之理論基礎，又將如何建立乎？

孟子「人性本善」之理論基礎，如非自天出，非自天然性分中出，則必徇至若告子之外求其義，若荀子之禮義法度皆由人為矣！若此則一如牟宗三先生批判荀子之禮義法度無處安頓之言[26]之結果。孟子之性善論亦將無處安頓矣！

今人薛光前先生以為：「孟子以為人性受造於天，『萬物皆備于我』，天造人性以善，人如能善用四端，力修天爵，即能存性立命，盡理事天，此孟子為學之大本大源。」[27]薛氏復引吳經熊先生之言曰：「孟子之天理哲學，與代表西方正統之天理觀念如：柏拉圖、亞里斯多德、聖多默斯、荷克、葛林士及襄克等之哲學，十分相同。」（引見《中國文化季刊》一卷一期。）

余以為薛氏之見甚洽。蓋孟子以天為義理至善之本原，方能開出其主體精神人性本善之理論，天理流行，人性皆善，此孟子之天以善創人、人以善應天之完整思想體系也。綜前文所述，孟子所見之天：

（一）是神性義、形上義之天，非自然物化之天。

26　牟宗三：《荀學大略》。

27　薛光前：〈孟子和聖多默斯對「義」的觀念〉，中華學術院《哲學論集》，頁 440。

（二）是道德義理之天、眾生之天，非局限於任何教派之天，唯義之所在，廓然而大公。

（三）是人天相應、相感、自律、自由之天，非他律權威之天。

一言以蔽之，孟子所見之天，正中正客觀之合理主義之「義理之天」也。何以故？以其即人事以言天理，故能不落神權也；自天之神性義以啟示道本，故能不落物化也；又自天之德化義理皆善義，以肯定人性、拓展人文，使天人合一、天人相親，故又能入世、不事捨離也。不落神權，自無宗教之衝突；不落物化，自無階級之對立與鬥爭；而不落捨離，又何需消極而遁世？此孟子所見之天之所以合理，之所以和平中正也。

四、孟子性善論之建立

孔子以天地之大德曰生，於是嬗生仁德[28]。而以此仁德代表普遍品德與統合理念，故以仁道相應天道，又以仁道以指證人性，故孔子之仁，即是性，即是天道[29]。孟子志學孔子，而孟子「性善」之說，正為孟子學於孔子關鍵之學說[30]。孟子一面承受孔子神性德化之天，一面則承受孔子統合理念與普遍品德之仁德，自德性心指證人性本善之原理，可謂為

---

28 吳康：《孔孟荀哲學》上冊，頁75。
29 牟宗三：《荀學大略》。
30 傅佩榮：〈孟子天論研究〉，《哲學與文化》十一卷十二期，頁36。

本末一貫、根莖相連體系完整之學統矣。孟子自天命之性中把握其「內在道德性」，直接點出性善，使吾人成為個別絕對之主體，此主體即為「道德之主體」，有此主體，乃有道德主體之自由[31]。孔子立人文與德性之學，其最大特色乃將人類生活納入一「自覺心」中，以顯吾人之「主體自由」，並由此「主體自由」推出仁、義、禮內聖外王之純一體系，直通生活秩序或制度。唯此「自覺心」或「主宰力」之如何證立，孔子雖透過其基本之概念，然未提出明確之論證，此則賴孟子「心性論」之建立與完成，以證立其主體性與道德心[32]。此孟子之大有功於孔門也。孟子心性論之建立，總結於心之四端之基礎。孟子曰：

> 無惻隱之心，非人也；無羞惡之心，非人也；無辭讓之心，非人也；無是非之心，非人也。[33]

孟子以此心之四端，為「仁、義、禮、智」全德之基礎，故欲證人之隱微之善性，必須自此心之四端以指證。故孟子曰：「君子所性，仁、義、禮、智根於心。」[34]仁、義、理、智之擴展，乃自此惻隱、羞惡、辭讓、是非之心若「火之始然，泉之始達」[35]以推出。此種道德心擴充發展之傾向，吾人或謂之「評價心」（Evaluating heart），或「訓令心」

---

31 牟宗三：《歷史哲學》，頁 119。
32 勞思光：《中國哲學史》（一），頁 103。
33 《孟子・公孫丑》。
34 《孟子・盡心》。
35 《孟子・公孫丑》。

（Commanding heart），前者覺察當為不當為，趨善以避惡；後者則為指令前者實踐其所批判所得結果之首腦。而此評價心，訓令心之所出，則皆原之於「思」，「思」之所出，則原之於「天」，故孟子曰：「心之官則思，思則得之，不思則不得也，此天之所與我者。」[36]

孟子上之所云，已肯定吾人內在之「評價心」與「訓令心」來自於「思」，而「思」又來自於「天」，此已具體言明此一「無上道德命令」之普遍性與必然性矣，人人皆具有此「自律」之天賦[37]，故人人皆可以為堯、舜。

孟子以為「天賦性善」來自「求安心之慾望」，故曰「人皆有不忍人之心」[38]，有此不忍人之心，乃推出為不忍人之政。孟子謂「今人乍見孺子將入於井，皆有怵惕惻隱之心」之反應，而此反應，非出自「納交於孺子父母」，亦非出自「要譽於鄉里」心理方面之欲求，亦非「惡其聲」生理方面之反應，此反應全然為不學不慮良知良能之所出，完全為「無所為而為」、「悅樂精神」之顯現。故孟子論此善端乃依據天理發自本然之天性，與康德所謂之「善意」（good will）義極為相近，而此善端則呈現於一絕對自由之主體，非任何利益或外在之力量所誘發，亦非任何經驗或存在之給予與影響，是純然意志之自律（或自我立法）而非他律也[39]。

---

36 《孟子・告子》。

37 傅佩榮：〈孟子天論研究〉，《哲學與文學》十一卷十二期，頁38。

38 《孟子・公孫丑》。

39 張亨：〈荀子對人的認知及其問題〉，國立臺灣大學《文史哲學報》二〇期，頁118。

　　孟子自此人之意志自律所得性善理論之基礎，故其學說通體是光明，通體是自由，汪濊流行，源源不絕。自義理之天之認知，建立性善論之基礎，以此性善論施之於教育，乃有啟發教育、尊重個性發展之主張；以此性善論施之於政治，乃有民主主義、輕君貴民、人法兼治主義之發皇；以此性善論施之於經濟，乃有協作共享、平等主義之提倡；性善論施之於社會倫理也，則有自尊、互尊、互愛、互信之主張；施之於國際社會也，則有和平共存、自主獨立之提倡，施之於自然界之調適作用也，則又有保護主義，人道主義[40]之發皇。其範圍可謂究天人之際之學矣，其時中可謂為通古今之變之術矣，孟子之學大矣哉！

五、結語

　　吾師休寧吳公石棠先生恒常言曰：「人生之禍患，往往源於執己而忘天，宇宙玄妙，惟『神』得釋。即就地球歷史而論，一般已有三十億年，若縮為一年，則前八個月，尚無生物，自第十一個月起，漸有單細胞生物發生，第十二個月之第二週始有哺乳動物，人類則於十二月三十一日下午十一時四十五分方告誕生。在一年歷史中，僅佔十五分鐘。以如此後生之人，竟妄欲為天地之主而任性逞意，安得不自擾擾人，造成禍患！」旨哉斯言！吾國學術，自孔、孟建仁之體、立人之極，創天人合一、人天相應之偉論，乃能致中和

40　《孟子・梁惠王篇》：「數罟不入洿池，魚鱉不可勝食也；斧斤以時入山林，材木不可勝用也……雞豚狗彘之畜，無失其時。」

而天地位，乃能視萬物為一體，寰宇為一家。孔、孟之學，誠所謂得天下之至理，而成位乎其中矣！迨其後大儒趙國荀卿子出，挾其體裁奇密之文辭，秉其重知實證之特質，敷陳往古，倚掔當時[41]。作〈天論〉、〈性惡〉之篇，一洗千古！其天道觀之建立，乃自自然主義、唯理主義而出發，故絕異孔、孟形上義之天人合德之天道觀，綜其所論，大要有三：

（一）天道自然，僅是塊然一物，其本身了無道德義及形上義。

（二）天人分職，天僅能提供生活素材，天生之而人成之。

（三）制天用天，主以人之智慧征服天行，開戡天思想先河[42]。

先達有嘆宋儒徒知研探心性之學，枉入理學桎梏，導中國入積弱之途，陳公百年先生亦以為如能以荀子思想物畜天地而役使之，欲騁人之智力以增益生產，此與西人嚮往之征服自然，初無二致；與現代自然科學之精神，亦甚切合。設荀學能見重於及時，有人能將之發揚光大，則今日中國之自然科學與應用技術縱不居於世界領導之地位，亦不至落伍如是之甚也[43]。百年先生老成憂國，閱歷百年來國家之內憂與外患，憤而作如是警策語，吾人亦深能體其心境。惟盱衡當世，自泰西科技昌明而工業革命始，其予人之福祉也，實亦

---

41 錢基博：《中國文學史》上冊，頁34。

42 培根（Francis Bacon 1561-1626），英國哲學家，經驗哲學之祖，倡戡天主義，為後世科學進步之權輿，著有《新工具》、《學術進步論》。

43 陳大齊：《荀子學說》，頁20。

超邁往古，然資本主義之攏斷與共產主義之暴亂亦於焉發
生，其予人之災禍亦倍蓰於往昔。科技愈昌明而功利主義愈
猖獗，人類之內在已不再有往昔之和平與寧靜，自然之環境
亦已不再得往昔之清朗與明淨。人類日陷於緊張、忙亂、孤
立與迷失；而自然環境亦已呈現能源枯竭，空氣污染，海洋
污染，水源污染，水土失調，生態失調頹敗之現象！而人類
本身亦因物質生活之優越而益形放縱、庸俗、貪婪與自私！
處處暴露社會秩序之混亂，處處呈現自然環境之失序，則此
荀子之戡天主義果然及早而實施，則究為中國或全人類之
福？抑為中國或全人類之禍？猶未可知也。若荀子之以天為
塊然一物，主以人力以治天，則其禮義法度皆自人出，禮義
法度將淪為工具之作用，而無內在之價值，則禮義法度亦無
處而安頓，終將淪入功利主義之軌轍矣！若禮義法度出自聖
王大儒個人之智慧與決斷，則自然環境與群眾均將淪為被治
之客體，全然形成「他律主義」之封閉社會矣！荀子洵非法
家，而集法家思想之大成之韓非、行法家手段最徹底之李
斯，非皆荀子之弟子乎？證驗如斯，其學術之未可通，亦可
以概見之矣！

先師吳公兆棠曰：

> 吾人處今之世，惟以吾人類之智性，體認宇宙萬有
> 之有則亦有律，個人則賴自律以自存，眾體循共律
> 而共生，宇宙之則之律即天理，循天理以應世則人
> 無不和、事無不成矣！人之要務無他，循天理以行
> 人道而已。凡人均應以天理為信仰目標，人智已發

現之天理，應力學、致知、篤行以實踐；未發現之
天理，則虔信、洞察，窮思而體悟。人生於宇宙萬
有之間，自存互競，影響錯綜，惟察其則、律，和
諧、調協則共榮，矛盾鬥爭則相殘，苟安圖倖反自
害，捨己全人得共利，天理昭彰，智者悟之，仁者
傳之，勇者行之。以智仁勇而行天理於人生即為革
命，而三民主義乃順天應人，救民、救國、救世之
革命寶典，不僅為吾人信仰之所宗，亦將為世界人
類思想之所歸。[44]

此寥寥數百言，蓋　先師畢生智慧與心血之結晶也！今以之
上揆孔、孟之天道觀及其仁道觀與夫　國父孫先生革命哲學
之基礎，其天人合一、民胞物與之至境，實先後若合符節，
通體透澈，曉暢無比也。

　　先師治學，以程、朱之「道問學」而立其本，以陸、王
之「尊德性」而正其行，以知識指導行為，而又以實踐之經
驗以印證批判其知識，不偏不執，蔚為統觀之大學問，隱然
承其鄉賢戴震東原先生之餘緒。青年時期，傾向主觀，思考
多用演繹，繼而漸轉客觀，演繹多以既成定論為前提。嗣後
受自然科學實驗主義之影響，思想客觀而無歸納，迨於留德
時受黑格爾（George Wilhelm Friedrich Hegel 1770-1831）辯
證法之啟示，常以正、反、合之循環推演，統括歸納與演
繹，由此辯證法之思考而歸屬經驗之統觀，晚年對柏格森

44　《吳兆棠博士紀念集‧遺墨篇》。

（Henri Bergson 1859-1941）之直觀思考法及佛學之唯識、禪宗之頓悟，亦多所注意，以之循環辯證推演，求得對事物之真知灼見。此種知見，多含超經驗、經驗合一之統觀性。故　先師之思想歷程，真箇千錘百鍊，達高明博厚之至境也。予今引　先師晚年之定見，以為本文之結論，亦以見孔、孟思想體系中之天人合一之思想與夫　國父中山先生三民主義之仁愛哲學之高明博厚，正如日月經天，江河行地，為天地立其心，與宇宙同終始也。

——《東吳大學哲學系傳習錄》第 4 期（1985 年 6 月），
頁 111-126。

孔、孟、荀「欲望論」本義發微

一、前言

孔子在《論語‧公冶長篇》但云「棖也慾，焉得剛」之一語，宋晁說之即引伊川先生語曰：「甚矣！欲之害人也，人之為不善，慾誘之也；誘之而不知，則至於天理滅而不反。故目則欲色，耳則欲聲，以至鼻則欲香，口則欲味，體則欲安，此皆有以使之也。」[1]程氏見解，可以代表宋、明以來大多數人對「欲」字之意見，孟子只說了一句「養心莫善於寡欲」(《孟子‧盡心篇》) 的話，宋、明諸儒即發表了許多「以天理制人欲」的議論，連篇累牘，怕不下數百萬言。濂、洛、關、閩諸子，均一面以深明佛、老虛無之餘，反佛入儒，力倡儒家明體達用之學；一面卻以所謂仁的天理之性以抑制慾的氣質之性。以理制欲，朱熹還說了天理人欲絕不兩立的話[2]，使理與欲成為強烈對立之抗體，使孔子倡導之大生命天人合一、萬物一體、大用流行之仁道本義完全流失，使仁道徒然降格成為只是一種控制慾望的工具。因之「欲」之一詞，在國人的觀念裡，視之為罪惡、為墮落、為不潔、為可恥；甚至畏之如魔鬼、如蛇蠍，以至孔、孟原本

---

[1] 晁說之：《晁氏客語》及《宋元學案》卷十一。
[2] 黃宗羲：《宋元學案》卷四十四。

活活潑潑的生命哲學、一變而為生機枯萎，又不知不覺回到佛、老毀情滅性無為的天地。如程伊川所謂「外物不接，內欲不萌」一語[3]，亦可見其概略了。

　　清儒戴東原（震）、焦理堂（循）一輩雖出而力矯其弊，然終因積久淵深，亦無力澄清誤說，恢復孔、孟對欲望之真正認知與處理態度；致使儒家經天緯地、內聖外王之仁學，格局愈來愈小，方向愈走愈偏，甚至誤認為儒學只是一種空疏之學，仁學只不過是一種修心養性之學，這真正是儒學一件最大之不幸！

　　荀子於孔子仁學之本體雖有誤認，致倡「天人分治」、「人性本惡」之說，而建立其絕對底客觀精神的「禮義之統」，抹煞孔子仁道之本原及絕對精神，而為一般儒者所不喜、所詬病；但他對孔子仁學的「外王」部份，亦即孔子之禮學，卻作了極細密、極深刻，也極精采的發揮，將孔子仁學中的人文精神發揮得更落實、更具體，故對儒學之貢獻與成就，也是直追孟子之後的。他所著的書，覼字省句，綿密纖細，開漢儒訓詁學之先河，而他對「欲」之一物，尤其作了正面的肯定的詮釋，可謂緊緊抓著了孔子仁學的源頭，他說：

　　　性者，天之就也；情者，性之質也；欲者，情之應
　　　也。以所欲為可得而求之，情之所以不免也。以為
　　　可而道之，知所必出也。故雖為守門，欲不可去；雖

3　朱熹：《近思錄》卷四。

　　為天才，欲不可盡。[4]

他於此已直接指證：欲是情感的反應。換句話，也是人性的反應。故雖為守門的工役，也有生存欲望之權利。故他積極為被治者設計一套「以禮養欲」的禮義之統的架構，消極的也限制了統治者生活的尺度，故即為萬民之尊的天子之宮室車服亦必有制，百官人徒亦必有數，極美必有其度，致樂必有其節。故荀子將「欲」字的本義已作了極具體的詮釋。

　　孔子言仁，是直指人心，直抒大道的。心是「推己及人」全幅的心，道是「天人合一」的整全之道，故陸象山謂其渾無罅縫，十字打開[5]。他的仁學可謂是貫古今、合內外、通天人的渾然一體的大學問。所以，捨講仁學之外，極少講到性，極少講到情，更無庸講到欲了。但孔子的「仁」字義，卻的確涵攝了性，涵攝了情，更涵攝了欲，而且是以仁養欲，以仁化欲的。其富民[6]的政治理想即是仁學「養眾欲」、「養大欲」的極致。而孟子的「養大體」[7]之仁義思想，主強本節用人文化成的荀子的禮義之統都是自此一本源一路透顯下來的。孔子主仁學，是一面提昇個人生命內在，一面增進人類群體生活的大學問，它有超越形上義，更有具體實用義，它是律己的，更是善群的，它是入世的、致用的、生命的而也是生活的、整全的學問。而歷來多數學者，不自大處高處遠處去發揚孔子仁學明體達用的功能，卻一味

4　《荀子・正名篇》。
5　《陸象山全集》卷三十四〈語錄〉。
6　《論語・子路篇》。
7　《孟子・告子篇》。

地在危微精一[8]、靜坐制欲方面下工夫,使活生生的儒學,斲斷了生機,使活潑潑的儒學,失去了生氣,使入世的儒學,變成了出世的神學與玄學。

晚近西學東漸,他們明目張膽地倡導功利主義,以個人功利方面之成就為評量其道德高低之標準,他們以經濟為目的,以政治為手段,達到富國民的目標。他們認為人類經濟行為的發生,是為了滿足其欲望(Desire)及需要(Wants)的需求。換句話說,欲望即是「生命的火花」、「創造的本源」,亦即「向上性」、「奮鬥性」、「冒險性」、「旺盛的企圖心」的化身,更是推動人類歷史文化的動力。他們對欲望是如此的正視、重視、肯定和讚揚,而我們卻因後儒們誤解了孔、孟對欲望之態度,卻視欲望為讎敵、為禁忌,以致嚴重地把孔、孟的思想曲解成不止是禁制欲望的,而且是反對功利的,伐根而棄其樹,塞源而別其流,致孔、孟本真,完全走失,導致中西學術,竟如日月經天,江河行地,各行其是,互相排斥,永無契合之津梁,長存無謂之扞格。孔、孟之過歟?後儒之過歟?西學之過歟?抑西學與儒學果而如此之格格不入乎?余不敏,衷心竊有憂焉,爰蒐羅載籍,冀以窺見孔、孟、荀三家「欲望」思想之本真;俾中學與西學譬之如長江、黃河,其流雖殊,其源則同出青康藏高原,而其目標則又同匯為大海,是耶?非耶?余不敢必,謹以管見,臚述於次:

---

8 《顧亭林文集》卷三〈與友人論學書〉。

二、欲望之定義

(一)「欲」之舊說

1.「欲」之定義：考之載籍與字書，於「欲」之一辭，其大義可分：⑴曰愛也。《禮記・曲禮上》：「與人者，不問其所欲。」⑵曰期願也。《禮記・大學》：「古之欲明明德于天下者。」又《論語・為政》孔子曰：「七十而從心所欲。」⑶曰物欲也。《禮記・樂記》曰：「人生而靜，天之性也；感於物而動，性之欲也。」老子《道德經》曰：「不見可欲，使心不亂。」⑷《說文》：「貪欲也，從欠谷聲。」《禮記・曲禮上》：「欲不可縱。」孔穎達疏曰：「心所貪愛曰欲。」《禮記・禮運》：「何謂人情？喜、怒、哀、懼、愛、惡、欲。」《呂氏春秋・論威》：「人情欲生而惡死。」高誘注：「貪也。」按：欲通慾，《集韻》：「欲，貪也，或從心。」

2.「欲望」之新義。目前中文辭書大體皆曰：有不足之意念而企圖滿足之情曰「欲望」，有物質欲望與非物質欲望之別。前者為對於有形物之欲望，如求金錢、謀衣食等是；後者為對於無形物之欲望，如修學益智之學問欲望、信教悟禪之宗教欲望等是。惟經濟學上之所謂經濟欲望，則專指物質欲望而言，為經濟行為之動機。

按前述「欲望」一辭之定義，蓋自西語 Desire 迻譯而來者，漢語古本無此辭。而欲望一物，在西學而言，向視為

創造之動力，甚且視為生命之本源。西人治經濟學（Economics）者，以人類經濟行為中之生產（Production）、分配（Distribution）、消費（Consumption）等行為之目的，均為滿足其本身之欲望而發生，而此種種之行為亦為欲望而存在。故人類有此欲望，乃能產生旺盛之企圖心，乃能持續勞動、持續創造、持續發明工具、開展交易之行為，乃能創造人類獨有的文化。[9]

（二）欲望之種類：大要區分，則物質的與精神的兩種：物質之欲望較單純，如衣、食、住、行之需求，先求滿足，次求舒適，又次求美觀，是為促進文明（Civilization）科技之動力；而精神欲望則較複雜，以類區分，約分為六：⑴生存之欲望。⑵利他之欲望。⑶求名之欲望。⑷爭權之欲望（或謂支配之欲望，如萬人聽其語言，萬事從其心計，然復亦有被支配之欲望者。）。⑸好動之欲望（運動家、旅行家及為藝術而藝術、為學問而學問者）。⑹安心之欲望（如孔子棲棲皇皇、佛陀之事捨離、耶穌之甘心受難、墨子之摩頂放踵，皆為欲求心安而使肉體受苦、精神超越的一種偉大的欲望。），此種欲望乃為創造文化（Culture）、提升文化的不朽精神。

而欲望之特色：⑴如前文所舉，種類繁複。⑵效用遞減（如醉後添杯不如無）。⑶偏重現實（如喜新厭舊，只顧目前）。⑷易受物誘（如犧牲目前欲望，換取來日更大利益及利息）。⑸趨附時尚。

9　陸民仁：《經濟學緒論》及王德馨：《市場學》第四節。

　　上所臚列欲望之內容，有善與不善，是為倫理中應評量之問題；有智與不智，是為經濟學中應研討之問題。孔、孟、荀三家哲學中不惟有此倫理之思想，也有此經濟之思想。孔子所開之仁學，實均涵攝此兩層問題而一併解決之。而後儒未解孔、孟精義，一味計較孔、孟倫理思想中欲望善與不善之心性問題，而忽視孔、孟經濟思想中欲望智與不智之實用問題，致使中國積弱千餘年，這真是儒家之不幸，更是中國之大不幸也。

三、孔子之欲望論

（一）孔子之以仁養欲、以仁攝欲

　　孔子於《論語》未正面討論欲之問題，惟《禮記・禮運篇》有謂：「飲食男女，人之大欲存焉；死亡貧苦，人之大惡存焉。故欲惡者，心之大端也。」以飲食男女與死亡貧苦對言，則欲與惡之正負意義，不問可解。飲食者，維持生命之事也；男女者，延續生命之事也。此所謂大欲，為人類基本生存之欲望，孔子視之莊嚴而神聖，於前者則曰：「所重民食。」[10]於後者則曰：「君子之道，造端乎夫婦。」[11]且曰：「有天地，然後有萬物；有萬物，然後有男女；有男女，然後有夫婦；有夫婦，然後有父子；有父子，然後有君

10　《論語・堯曰篇》。
11　《禮記・中庸篇》。

臣，有君臣，然後有上下；有上下，然後禮義有所錯。」[12]
然《禮記》一書，著者至夥，近人井研廖平曰：「有先師經
說，亦有子史雜鈔。」[13]其中亦有漢儒解經之講義，為漢人
都為一編，惟〈禮運〉一篇，編者即載明孔子為子遊言大同
小康始，當為先師經說無疑。此〈論人之大欲章〉，首論人
情，次論人義，復次論人利、人患、人之大欲、大惡，而一
皆治之以禮。故孔子對欲之概念，根本未作惡物之視之，即
對弟子申棖之評語所謂：「棖也慾，焉得剛。」孔安國注此
「慾」字曰：「慾，多情慾也。」清劉寶楠《正義》曰：「慾
根於性而發於情，故〈樂記〉言『性之欲』，《說文》言
『情，人之含氣有欲者』也。」則孔子評申棖者，亦只謂其
感情用事而已，未聞申棖有何惡德也。而夫子行仁之最高境
界則為：「老者安之，朋友信之，少者懷之。」[14]其最高之政
治理想，則為：「老有所終，壯有所用，幼有所長，矜寡孤
獨廢疾者，皆有所養。男有分，女有歸。」[15]是夫子仁學最
高之理想，乃為滿足人類群體生命之大欲，增進人類群體生
活之水準。夫子之仁學，是己立立人、己達達人、推己及人
的整全之學，他不僅關懷一己小我之生命，更關懷群體大我
之生命。所以韓文公要說「博愛之謂仁」[16]。但孔子是聖
人，他明白食、色問題，是人類生命基本的需求。但他不正
面去談欲望，而以仁去滿足群眾、涵攝群眾之欲望。蓋欲望

---

12 《易經・序卦傳》。
13 廖平：《今古文學考》。
14 《論語・公冶長篇》。
15 《禮記・禮運篇》。
16 《韓昌黎全集・原道》。

是普通性的，是生物層共同的。牛、羊、雞、犬皆有欲望，但牛、羊、雞、犬只能停留在一己或一時的求取快樂滿足的物欲中，沒有任何文化道德義。孔子提出之仁道「己所不欲，勿施於人」一語，已正面肯定了發自仁恕的欲念是道德的、價值的。因它已超越了小我，納群體生命、大我生命於此小我生命之中，譬如吾人不食不衣即會凍死或餓死，故尋衣覓食是唯一維持生命，使之存活之途徑，然我喫飽穿暖之後，發現他人或更多人亦在凍餓之中，於是產生不忍人之心，於是產生「解衣衣人」、「推食食人」之情愫。此解衣衣人、推食食人是為「推生之欲」，故「推生之欲」即是仁。

又如，男女共同生活之問題亦不只人類所獨有，亦為一般動物之通性。但一般動物只是全然受自然支配的生理之欲而已。人則不同，人在成年求偶、成家授室以後，要想到男女雙方居室、互敬互重之問題，要想到善事雙方尊長、孝順雙方父母等問題，更要想到生育子女、教養子女等問題，這些問題想遍了，則又關懷到外間是否仍多「室有怨女」、「野有曠夫」之問題，因而想到「男有分」、「女有歸」之問題。也想到人人皆有室家之樂，人人都能傳宗接代等問題，此一動機即已超越了生物性，此一動機即是「推色之欲」。「推生之欲」是仁，「推色之欲」自然也是仁。凡人類超越小我而能造福群體之行為皆為仁義。故孔子不言慾而言仁，而言仁又能滿足群體之大欲，涵攝群體之大欲，此孔子之以仁養欲，以仁攝欲之最上文化義。

（二）孔子之以禮化欲，以禮節欲

　　孔子之仁學，對內則提升個人求生（食、色）之欲之道德義，對外則開創富庶民生之人文義，但仁只是個人修己待人的一種情操，一種「推己及人」、「能好人，亦能惡人」較客觀的行為標準，如何能使眾人都能納入此「仁道世界」的架構中，那的確還是一個待解的問題，故孟子亦有「徒善不足以為政」的看法。但孔子聖智圓周，他卻用一個「禮」字來輔助「仁」的實用性與開展性。他在《論語》中為弟子言「仁」，言人人殊，但他為寄以傳薪火之望的高弟顏子卻直接了當地說：「克己復禮為仁。」[17]他的意思是說：「仁即是禮。」或是說：「仁與禮是一體的兩面。」也可以說「仁是禮之體」、「禮是仁之用」。故夫子自語「吾道一以貫之」時，曾子省悟之餘，卻轉謂其餘同門曰：「夫子之道，忠恕而已矣！」曾子於此不直稱夫子本體之仁之一本，而逕分夫子之「道一」為二者何哉？！是曾子已為其餘諸子詮釋夫子仁之體、用之方矣！忠者何？「盡己」之謂忠，是為事之禮也，亦即夫子應事之仁也；恕者何？「推己及人」之謂恕，是待人處眾之禮也，亦即夫子待人接物之仁也。於此足見夫子仁學之建立，於內則以仁克己以養心，於外則以禮達用以治世，故其內涵不只通天人，合內外；而且正三綱，綜五常，提振文化，增進文明，莫不發軔於仁與禮矣！後人謂儒家之禮即為文化[18]，豈虛語哉！

17　《論語・顏淵篇》。
18　鼎文版《十通分類總纂》張其昀〈序〉。

　　孔子鑑於「欲」為生命共有之本質，亦為人類求其生存原始之動機，其本身雖潔如白紙，了無道德價值觀，然向上導之，則能提升人之道德性、互助性與利他性；向下洩之，則能擴張人之罪惡性、排斥性與自私性。故孔子言仁而不言欲，蓋欲以仁攝欲，以仁養欲也。唯「以仁攝欲」之內心境界，如「飯疏食、飲水，樂亦在其中矣」，如「一簞食、一瓢飲、居陋巷，回也不改其樂」，如「士志於道，莫恥惡衣惡食」，如「君子固窮」[19]，「君子憂道不憂貧，謀道不謀食」[20]，都是對「士」的期許。也是孟子所說的「無恒產，而有恒心者，惟士為能」[21]的意思，對社會中堅的知識份子，孔、孟都是如此期許他們能以仁攝欲、以仁養欲，率先端正社會風氣的。但孔子時已有「異端」、「不見善人」之嘆；孟子時法家、兵家、縱橫之說盈天下，那些人都是知識份子，而他們卻都忽視仁義，以他們的利己主義去爭取時君世主的欣賞而滿足他們的「大欲」！知識份子尚且如此，孔子又怎能奢望其餘庶民都能樂於清貧、甘於匱乏的生活呢？！何況儒家究竟不是墨家，以墨翟勤儉質樸為務，孔子是崇尚「周文」，儒家是一直以尋求人類「合理的生活」、「富庶的生活」為目標，故孔子提出了不少「以禮養欲」、「以禮化欲」的構想。

　　就「以禮養欲」而言：孔子極度推崇伏羲氏之結繩以為網罟，使民「以佃以漁」；推崇神農氏之發明「耒耜之利，以教天下」；推崇黃帝、堯、舜之製作衣裳、舟、車、宮室

19　《論語・衛靈公篇》。

20　《論語・季氏篇》。

21　《孟子・梁惠王篇》。

以利天下[22]。孔子於《易經‧繫辭》所記述的內容根本就是上古文明發展史，而他所重視的大部份都是有關人民食、衣、住、行等問題的發明與解決。孔子自己所講到的，除了前文所引的「所重民食」外，其政治理想一貫就特別重視「富民」政策，他告訴子貢為政以「足食」為先[23]，他告訴冉有為政則為「富之、教之」[24]，而他的弟子有若勸魯哀公實行輕稅政策也說：「百姓足，君孰與不足；百姓不足，君孰與足？」他言「因民之所利而利」的「惠而不費」的思想，更具現代經濟思想的理念[25]。這些「富民」以滿足人欲達於禮樂之境的理想，已是儒家主張政府為制定政策的最高依據了，也可說孔子的仁學轉化成禮學之後的一種政治上的具體方案了。

再就「以禮化欲」之境而論，夫子一面要求知識份子本身不恥「惡衣惡食」，要「身為天下死」[26]，要「非禮勿動」，但一面要求知識份子「博施濟眾」[27]。可見夫子於社會生產落後時，一面是主張儒者自身生活是要自律、是要淡泊自甘的，一面當以「惠而不費」的原則去規劃、去鼓勵全民全面努力生產，以達到「富民」的目的；但富到何種程度而能使民「安」、「和」相處，卻又是問題，故孔子又提出了他

22　《周易‧繫辭傳下》。

23　《論語‧顏淵篇》。

24　《論語‧子路篇》。

25　《論語‧堯曰篇》。

26　《論語‧子路篇》：子曰：「先之、勞之。」

27　《論語‧雍也篇》。

「分配」的構想。分配平均了，人心沒有不平的感覺[28]，無不平的感覺則自然不爭奪，不爭奪自然形成為和諧、知足的社會。此即孔子仁學禮學極大的功能與最後的目標。

四、孟子之欲望論

孔子道體廣大，其論道往往直接指證，不事辯解，故論性則以仁證性，論欲則以仁攝欲，故其未言性而性善自在仁道中呈現，未言欲而欲念自從仁道中昇華、轉化與滿足。孟子生當戰國，功利掠奪思想盈天下，故其政治思想，倡行王道、行仁政，以仁義之說以擴充功利主義之範圍。孟子反對個人的功利或一時一國一地的功利，主張擴建天下公眾共同的福利，具體的說，他的「大仁義」的學說，即是為了實現「大功利」的主張，而時君世主不察，致孟子有「夫天未欲平治天下也」之嘆！真是那個時代的不幸。故孟子論性善、論養氣，均極精微、極深刻，他對欲望的看法，更能予我們一個明晰而正確的理念。孟子的欲望論，大要可分：

（一）欲之善惡觀

孟子以為正當或適當的欲望是為善，過分或不當的欲望纔是惡，所以他說：「可欲之謂善。」[29]這已正面的說明了正當的欲即是善的意義了。他又說：「無為其所不為，無欲其

28　《論語・季氏篇》。
29　《孟子・盡心下篇》。

所不欲，如此而已矣。」[30]趙岐注曰：「無使人為己所不欲為者，無使人欲己之所不欲者，無以身況之，如此則人道足也。言己所不欲，勿施於人，仲尼之道也。」能「推己及人」是為仁，能「無欲其所不欲」自為善，若夫「欲其所不欲」，當然就是惡欲了。

（二）生存欲與道德欲

《孟子》謂：「生，我所欲也；義，亦我所欲也。二者不可得兼，舍生而取義者也。」生，是求生存的欲望；義，是盡道德責任的欲望。為了取義，而要舍生。可是貪生怕死是人的通性，如何又能使人放棄求生的欲望而去選擇去取義、去求死的欲望呢？！孟子又說：

> 生亦我所欲，所欲有甚於生者，故不為苟得也；死亦我所惡，所惡有甚於死者，故患有所不避也。如使人之所欲有甚於生，則凡可以得生者，何不用也？使人之所惡莫甚於死者，則凡可以避患者，何不為也？由是則生而有不用也，由是則可以避患而有不為也，是故有甚於生者，所惡有甚於死者，非獨賢者有是心也；人皆有之，賢者能勿喪耳。[31]

孟子這一番話，把欲望的性質界定得十分明白，孟子所謂的生，是指肉體的生命，它是有時段的、有空間與受到客觀限

30　《孟子·盡心上篇》。
31　《孟子·告子上篇》。

制的；義，是指道德的生命、精神的生命，它是超越的、無限的，更是不朽的。孟子所謂的「舍生」，是謂舍此有限的短短數十寒暑的小我肉體的生命，去追尋、去完成一不朽的永恆的大我的生命。故歷史上的志士、仁人、英雄、豪傑的成仁取義，都是從儒家這一理想上開展出來的，這種道德的欲念與前章所列求安心的欲望，可以說完全是一致的。宗教家、思想家以至志士、仁人、英雄、豪傑，為求內在心靈的安頓，故往往作出一些超越功利、超越生命、擺脫一切表現出震驚凡俗的壯烈偉舉，頭顱一擲，功名等閒，肉體生命本來短暫，而精神生命卻能長存天地之間。人謂佛陀講明心見性，求無上正覺，根除六欲，[32]而涅槃在求息幻歸真，從化返本，以期超出世間、永無生死、便是大欲。語雖近謔，實亦至理。宗教家之救世精神、政治家之興革抱負，其狂熱力量何來？實均來自此偉大理想、偉大欲望啊！烈士徇名，蓋有由也！

（三）私欲與公欲

　　孟子之倡仁義，乃在養公欲而制私欲。公欲者，與民同樂也；私欲者，不與民同樂也[33]。如《孟子》「為梁惠王言樂，言獨樂樂與眾樂樂之義」，「為梁惠王言文王經營靈臺、靈沼，與民偕樂，而民歡樂之」，「為齊宣王言文王之囿方七十里，而民小之；宣王之囿方四十里，民猶以為大。前者芻

32　《智度論》：一、色欲。二、形貌欲。三、威儀姿態欲。四、言語音聲欲。五、細滑欲。六、人想欲。

33　《孟子・梁惠王篇》。

芻者往焉，雉兔者往焉，與民同之，故民以為小也；後者則
郊關之內、國之大禁、殺麋鹿如殺人之罪，不與民同，故民
以為大」之理，又「見齊宣王於雪宮，以『樂以天下，憂以
天下』勉宣王」，並引齊先賢晏子見景公述諸侯述職之義，
在「春省耕而補不足，秋省歛而助不給」以勉宣王[34]，在在
均表現了孟子「民生樂利」的思想，在在都關懷公眾生活、
公眾欲望的滿足，而園囿共享，雖大不為過；園囿獨享，雖
小亦不容，此孟子以仁義為中準、計利為公私而論斷欲之當
否也。而孟子之論「公劉好貨」、「古公亶父好色」，直與力
倡功利主義之西儒邊沁（Jeremy Bentham 1748-1832）所言
「服務即道德」之言，若合符節。如：

> （齊宣）王曰：「寡人有疾，寡人好貨。」（孟子）
> 對曰：「昔者公劉好貨，《詩》云：『乃積乃倉，乃裹
> 餱糧，于橐于囊，思戢用光。弓矢斯張，干戈戚
> 揚，爰方啟行。』故居者有積倉，行者有裹糧也，
> 然後可以爰方啟行。王如好貨，與百姓同之，於王
> 何有？」[35]

好貨為貪欲，然苟與天下同之，則好貨亦為惠溥天下之公德
矣！又如：

> （齊宣）王曰：「寡人有疾，寡人好色。」（孟子）

---

34 引同前。
35 引同前。

> 對曰：「昔者太王好色，愛厥妃，《詩》云：『古公亶
> 父，來朝走馬，率西水滸，至於岐下。爰及姜女，
> 聿來胥宇。』當是時也，內無怨女，外無曠夫，王
> 如好色，與百姓同之，於王何有？」[36]

好色本是惡德，為正人君子所不齒，然茍能使庶民均能有室
家之好，正五倫之序，使男有分，女有歸，此〈關雎〉一詩
冠於《三百篇》之首之微意也。孟子恢宏孔子之至意，鼓勵
仁義以大功利，以增進全民之福祉，以滿足全民求生存、求
室家之樂之大欲，故於在位者之好貨好色，亦不以好貨好色
之欲非之，蓋寄望裕民生，有作為之人君之大有為，正恐其
不好貨，不好色也！主政者設亦以虛靜為心，以清心寡欲為
務，尚可冀其有旺盛之創造欲與企圖心，為天下蒼生課福
利、盡仁道耶？戴東原謂聖賢之道，但無私而非無欲[37]，洵
為至言。

（四）大欲與小欲

孟子視大欲（推仁於天下之欲）為善，小欲（個人口體
之養）雖無善與不善義，然易為惡，故「孟子曰：『從其大
體為大人，從其小體為小人。』曰：『鈞是人也，或從其大
體，或從其小體，何也？』曰：『耳目之官不思，而蔽于
物，物交物，則引之而已矣！心之官則思，思則得之，不思
則不得也。此天之所與我者，先立乎其大者，則其小者不能

---

36 引同前。
37 《戴震集》，《孟子字義疏證》。

奪也，此為大人而已矣！」」[38]孟子這一番話，可區分為二層
意義：一為區分人欲之種類，從大體者，大人（此『大人』
實為聖人、君子）之欲也，指聖人立其仁、義之大體，行其
淑世平天下之遠大理想也；從小體者，一般細民口體之欲
也，平民之欲，求其個人溫飽而已，故而謂之小也。一為聖
人君子修養境界之自我提升，因耳目感官之欲易蔽於物，物
交物，則易墮情利之小欲而為小人，故由司思之心之官能以
深思之、提振之（精神超越），使之復歸於性善，遂行其有
所為有所不為之操持與推仁及於四海的崇高的理想。（按：
趙岐注指大者指性善，小者指情欲，此古今用名不同，義則
未遠，此處略而不作辯解。）是謂「養大體」之本義矣。惟
《孟子》本章僅以大體小體為言，並未明言欲望之大小，本
文特依其義蘊而發擄之耳！至其勉齊宣王「保民之王天
下」，責其不當「興甲兵，危士臣，構怨於諸侯，然後快於
心」。（齊宣）王曰：「否！吾何快於是，將以求吾所人欲
也。」曰：「王之所大欲，可得聞與？」王笑而不答。曰：
「為肥甘不足於口與？輕煖不足於體與？抑為彩色不足視於
目與？聲音不足聽於耳與？便嬖不足使令於前與？王之諸
臣，皆足以供之，而王豈為是哉？」孟子明知宣王所謂之
「大欲」，是宣王所持之「理想」，卻故意以上述的口體之養
的小欲以反諷之，等到宣王矢口否認：「否！吾不為是
也。」孟子乃代替宣王說出他心中所謂的「大欲」：「然則王
之大欲可知已，欲闢土地，朝秦、楚，蒞中國而撫四夷

---

38 《孟子・告子上篇》。

也！」孟子雖為宣王說出他心中的「大欲」，但孟子卻認為齊宣王心目中所謂的「大欲」，在他的理境中只不過仍為一種不足道也的小欲而已，所以他一面責備宣王「以若所為，求若所欲，猶緣木而求魚」。一面為宣王開出了「大欲」的理想，他說：「今王發政施仁，使天下仕者皆欲立於王之朝，耕者皆欲耕於王之野，商賈皆欲藏於王之市，行旅皆欲出於王之塗，天下之欲疾其君者皆欲赴愬於王。」孟子於此，一連用了六個「欲」字，涵蓋了仕者、耕者、商者、行旅者、赴愬者全民之欲望。蓋惟能滿足大眾之欲望（此當兼物欲及心靈欲望言之）之需要，始能謂之大欲，始能謂之王道，始能謂之崇高的理想。

但宣王仍不能達於此境。孟子進一步告訴他：「王欲行之，則盍反其本矣：五畝之宅，樹之以桑，五十者可以衣帛矣！雞豚狗彘之畜，無失其時，七十者可以食肉矣！百畝之田，無奪其時，八口之家，可以無飢矣！謹庠序之教，申之以孝悌之義，頒白者不負戴於道路矣！老者衣帛食肉，黎民不飢不寒，然而不王者，未之有也。」[39]孟子謂宣王所謂之「大欲」，不過仍為「闢土地，朝秦楚，殘民以逞」之霸道小欲耳，不可謂之大欲；所謂大欲，乃在實施養民富民之王道。故「養大欲」為孟子王道樂利主義之最高理想也。大欲小欲之境，孟子於本章亦已言之譜矣！

---

39 《孟子・梁惠王上篇》。

（五）多欲與寡欲

孟子論「多寡之欲」與前章所論之「大小之欲」截然不同，大小論眾寡之體積、論容量；多寡則論個人嗜欲之程度與數量。故孟子所謂之大欲，有善義，有崇高理想義。孟子所謂之多欲，則謂為口鼻耳目四肢之欲，如多而不節，則易使本心喪失。孟子曰：「養心莫善於寡欲。其為人也寡欲，雖有不存者，寡矣；其為人也多欲，雖有存焉者，寡矣。」[40]孟子此章所謂之欲，專指「嗜欲」而言，與前「公欲」、「大欲」之具理想義、仁性義迥異，故不可以此嗜欲之欲視彼理想之欲。此章所謂寡欲，乃勉士君子養心存性之道，蓋天下之難持者莫如心，天下之易染者莫如欲，少欲，則耳目之官不蔽於物而心常寧矣。故多欲，則心常亂；寡欲，則心常寧，心常寧，則定而不亂，明而不暗，道之所由生，德之所自成。此孟子立論之本義也，後儒不察，斷其章而取其義，以為凡欲皆惡，主存天理以絕人欲，斬斷生機，導儒門入枯寂，是豈孟子始料所及哉！

五、荀子之欲望論

孔子、孟子均以仁義涵攝人欲、提振人欲的，故不多言人欲而人欲自滿足、自化解於仁義架構之社會文化中。荀子純以客觀精神以論天、人，論天則以天無德化形上義，故主

---

40 《孟子・盡心下篇》。

「天生人成」、「天人分立」、「聖人治人亦治天」；論人則主「人性惡」，故主師法以化之，禮義以導之[41]。開出了他的「禮義之統」，他對人性，採取理性批判的，故較客觀，也較實際，他認為人性本來是有惡的傾向（荀子性惡論不是絕對的，因此他說了「然而可化也」的一句話），他認為欲望倒只是一種生命本能的反應，人所共有，本身倒沒有什麼善惡義，他說：「凡人有所一同，饑而欲食，寒而欲煖，勞而欲息，好利而惡害，是人之所生而有也，是無待而然者也，是禹、桀之所同也。」[42]他又說：「義與利者，人之兩有也，雖堯、舜不能去民之欲利。」[43]荀子既認欲只是一種自然的產物，而他又要以人文的禮治主義去養育它、滿足它，進而以禮治去教導它、約束它，以達成禮義之統的人文社會，故而他勇於正面的討論欲望，而且對人類的欲望分析得非常精細，當代經濟學者亦承認「荀子有一套接近現代理論的欲望論」[44]。他認為人類的欲望共有六種：一曰目好五色；二曰耳好五聲；三曰口好五味；四曰鼻好薌臭；五曰身好華衣；六曰行需輿馬。他說：「目好之五色，耳好之五聲，口好之五味，心利之有天下。」[45]又曰：「夫人之情，目欲綦色，耳欲綦聲，口欲綦味，鼻欲綦臭，心欲綦佚，此五綦者，人情之所必不免也。」[46]又曰：「人之情，食欲有芻豢，衣欲有文

---

41 《荀子・性惡篇》。
42 《荀子・榮辱篇》。
43 《荀子・大略篇》。
44 侯家駒：《中國經濟思想史》卷二四章三節。
45 《荀子・勸學篇》。
46 《荀子・王霸篇》。

繡，行欲有輿馬，又欲夫餘財蓄積之富也；然而窮年累世不知不足，是人之情也。」[47]由上述三段文字，可知荀子不但將人之欲望列為六種，從後面一段話看，他還認為人的欲望是永遠不會滿足的，所以他提出了「禮義之統」，把人群的生活完全納入禮的架構中，他的主張可分：

（一）以禮養欲

荀子以為情欲是應自然而生，情欲是求生，也是發展的本能，所以他對當時主張「寡欲論」的宋鈃他們這班人的論調極力駁斥，認為他們違反了自然，也違背了合理的傳統，他說：

> 子宋子曰：「人之情，欲寡，而皆以己之情為欲多，是過也。」故率其群徒，辯其談說，明其譬稱，將使人之情之欲寡也。應之曰：然則亦以人之情為欲。目不欲綦（按：借為極，窮極也）色，耳不欲綦聲，口不欲綦味，鼻不欲綦臭，形不欲綦佚——此五者，亦以人之情為不欲乎？曰：「人之情欲是已！」曰：若是，則說必不行矣。以人之情為欲此五綦者而不欲多，譬之是猶以人之情為欲富貴而不欲貨也，好美而惡西施也。

上面這段話，荀子不但指出人是多欲的，而且是無止境的，

因為這種欲望使人不斷追求美、不斷追求好，故而他會永遠不滿足，永遠要追求更美更好，荀子以為這很自然，是不該加以否定的，所以他接著說：

> 古之以為之不然，以人之情為欲多而不欲寡，故賞以富厚而罰以殺損也（楊倞注：「殺，減也。」「以富厚賞之，以殺損罰之。」），是百王之所同也。故上賢祿天下，次賢祿一國，下賢祿田邑，愿愨之民完衣食。今子宋子以情為欲寡而不欲多也，然則先王以人之所不欲者賞而以人之所欲者罰邪？[48]

荀子以為先王禮制：賞善以爵祿，罰惡則收其田邑，亦為養民之欲及制民之欲而設立，所以他直截了當的說：

> 故禮者，養也。芻豢稻糧，五味調香，所以養口也；椒蘭芬苾，所以養鼻也；雕琢、刻鏤、黼黻文章，所以養目也；鍾、鼓、管、磬、琴、瑟、竽、笙，所以養耳也；疏房、檖貌、越席、床笫、几筵，所以養體也。故禮者，養也。[49]

荀子「裁非其類以養其類」[50]，即是主張建立其人文的「禮義之統」以開發自然，利用天功，以滿足人類生理需要的天

---

48 兩引均見《荀子‧正論篇》。
49 《荀子‧禮論篇》。
50 《荀子‧天論篇》。

養。他的以禮養欲的思想，應該是順著孔、孟「以仁養欲」、「以仁義涵攝大欲」思想一路下來的，但他那：「大天而思之，孰與物畜而制之；從天而頌之，孰與制天命而用之；望時而待之，孰與應時而使之；因物而多之，孰與騁能而化之；思物而物之，孰與理物而勿失之也；願於物之所以生，孰與有物之所以成，故錯人而思天，則失萬物之情。」[51]的一番話寫得真是精彩。他「天生人成」、「以禮養欲」的理念，主張開發自然物資，並將此天然物資加以保持加工，使之變質變量變形，以滿足人欲，充裕民生。如他這一觀念早被重視，則「水土保持」、「水利建設」、「農業改良」、「食品加工」、「服裝加工」……，兩千年前，應已粗具規模，唐、宋之際，中國該已是「工業大國」了。惜乎後儒不察，以「格殺物欲」[52]為務，以清虛心性為尚，視科技為「奇技淫巧」。陳百年先生嘆「荀子學說的湮沒無聞，為中國學術界的重大損失」[53]，實在是他的卓見。其實荀子之學不彰，何止是中國學術的不幸，更是中國整個民族命運的不幸！設如中國早日發展科技，益以儒家倫理道德之整全文化，又何至近千年來的積弱如是？既貧且愚，任人宰割？然荀子論天則使天「物化」，論人則主人「性惡」，抹煞孔、孟之道德本原及內在精神，引起後儒爭議，實亦其學術上極大蔽障，他於儒門「內聖」之學，雖因主性惡或有偏失，但他對儒家人文主義的禮學方面精密的成就與發明，應該是得到肯定的。

---

51 引同前。
52 來知德：《大學古本注疏》。
53 陳大齊：《荀子學說》，頁 20。

（二）以禮制欲

　　荀子以人欲無窮，而又以人性本惡，順是發展，則不奪不饜，故禮應運而起也。禮之起也，積極任務則為養欲，故勸農桑，裕民生；消極任務則為定度量分界，使之不爭，置君上以制臣，無使縱欲害生。是故荀子曰：「禮起於何也？曰：人生而有欲，欲而不得，則不能無求；求而無度量分界，則不能不爭；爭則亂，亂則窮。先王惡其亂也，故制禮義以分之，以養人之欲，給人之求，使欲必不窮乎物，物必不屈（楊倞注：竭也）於欲，兩者相持而長。」[54]荀子以為欲雖然是自然的產物，但一放縱便是禍亂之源，所以他又說：「無君以制臣，無上以制下，天下害生縱欲。欲惡同物，欲多而物寡，寡則必爭矣。」[55]這是荀子主張以禮制欲最大的理由。當然已使孔、孟「以仁養欲」、「以禮化欲」的精神流失，但他提出的是以禮制庶眾的非分之欲，雖有形成「暴君專政」的危險，但總不若後儒摭拾之以自創之「理境」以制殺內在生命自然之人欲，斲喪生機，這恐怕也是荀子始料未及的啊！

（三）去欲與導欲

　　荀子一面主以禮制庶眾的非分之欲，但他認為這還是不夠的，因為這樣做是違反自然的，執行起來一定不夠徹底，所以他反對「去欲」的論調，主張以導欲的方法來提升它，

---

54 《荀子・禮論篇》。
55 《荀子・富國篇》。

使它超越。所以他說：「性者，天之就也；情者，性之質也；欲者，情之應也。以所欲為可得而求之，情之所必不免也。以為可而導之，知所必出也。」[56]

他的「導欲」的途徑有二：

一、是智之所生「以為可」的禮義境：荀子說：「凡語治而待去欲者，無以導欲而困於有欲者也。凡語治而待寡欲者，無以節欲而困於多欲也。有欲無欲，異類也，生死也。……欲不待可得，所受乎天也；求者從所可，所受乎心也。……人之所欲生甚矣；人之所惡死甚矣！然而人有從生成死者，非不欲生而欲死也，不可以生而可以死也。」[57]（梁啟雄曰：人之所欲雖在「生」，然心之所可則在「死」，故從生就死。）孟子「舍生取義」，義者，宜也；宜亦「所可」也。故荀子謂：「欲過之而動不及，心止之也。心之所可中理，則欲雖多，奚傷於治？」[58]此荀子「導欲」之禮義境。實已與孔子「成仁」、孟子「取義」通其流了。惟「以心止欲」，與其「對心言性」認人性為惡為一貫，為後儒理氣二元論之濫觴，則非孔、孟本真了。

二、是勉人求全求粹以定德操之美育境：荀子說：「君子知夫不全不粹之不足以為美也，故誦數以貫之，思索以通之，為其人以處之，除其害者以持養之。使目非是無欲見也，使耳非是無欲聞也，使口非是無欲言也，使心非是無欲慮也。（楊倞曰：「是」謂學也。或曰：謂「正道」也。）及

---

56 《荀子・正名篇》。
57 引同前。
58 引同前。

其致好之也，目好之五色，耳好之五聲，口好之五味，心利之有天下。」此謂君子博學厚德之餘，則無美不臻，則口耳目心莫非是學，莫非是正道，可以達仲尼「從心所欲」之化境。至其講到：「權利不能傾也，群眾不能移也，天下不能蕩也，生乎由是，死乎由是，夫是之謂『德操』。德操然後能定，能定然後能應，能定能應，夫是之謂成人。天見其明，地見其光，君子貴其全也。」[59]這一番話，簡直和孟子「貧賤不能移，富貴不能淫，威武不能屈」之「大丈夫」同出一格，這就是荀子「人文化成」理念中期許的「成人」，也是荀子價值人生中所陶鑄的整全的君子。荀子的積極主張仍是以禮導欲，期許人人為聖人、為大儒、為君子，故荀子之根本仍為儒家，若謂荀子只知以禮制欲，那是不夠公正的。

（四）斥墨家之制欲

荀子深知欲望為生產富國利民之動力。故除斥宋輕之寡欲論外[60]，並竭力駁斥墨子「非樂」、「節用」之說，他認為墨子的制欲思想是「伐其本、竭其原、焦天下」的謬說。若依之施行，結果會造成「萬物失宜，事變失應，上失天時，下失地利，中失人和」[61]的慘狀，會使生產停頓，社會枯竭，他說：

---

59 《荀子・勸學篇》。
60 《荀子・正論篇》。
61 《荀子・富國篇》。

天下之公患，亂傷之也。胡不嘗試相與求亂之者誰
也？我以墨子之「非樂」也則使天下亂，墨子之
「節用」也則使天下貧，非將墮之也，說不免焉！
墨子大有天下，小有一國，將蘹然衣麤食惡，憂戚
而非樂，若是則瘠（楊倞曰：奉養薄也。），瘠則不
足欲，不足欲則賞不行。墨子大有天下，小有一
國，將少人徒，省官職，上功勞苦，與百姓均事
業，齊功勞，若是則不威，不威則罰不行。賞不
行，則賢者不可得而進也；罰不行，則不肖者不可
得而退也。賢者不可得而進也，不肖者不可得而退
也，則能不能不可得而官也。[62]

人各不得適其任，國家賞罰不行，起因人欲不能滿足，人欲
不能滿足，乃起因墨子主張之衣褐帶索、啜菽飲水之儉薄生
活所致也。

　　荀子竭力以如此態度反對制欲及寡欲，所以他提出了
「各盡所能、各取所得、各遂其欲」的構想，他說：

故先王聖人為之不然，知夫為人主上者，不美不飾
之不足以一民也，不富不厚之不足以管下也，不威
不強之不足以禁暴勝悍也。故必將撞大鐘、擊鳴
鼓、吹笙竽、彈琴瑟以塞其耳；必將雕琢、刻鏤、
黼黻文章以塞其目；必將芻豢稻粱、五味芬芳，以
塞其口，然後眾人徒、備官職、漸慶賞、嚴刑罰以

戒其心，使天下生民之屬，皆知己之所願欲之舉在于是也。

荀子構想的，是一個富足的、繁榮的、有聲有色的歡樂的、人人滿足的朝氣奮發的社會，當然不是墨家所要造成的儉樸的、瘠薄的，而又無聲無色的封閉的社會所可比擬的，這就是儒家思想最精采的地方。荀子更以為如此「開放」、「開明」的措施，不但可以滿足每個人民的欲望，而且還是富國的根本，他說：「賞行罰威，則賢者可得而進也，不肖者可得而退也，能不能可得而官也。」如此則社會充滿了朝氣，人才各得其所，資源也普遍開發，如是則：

> 萬物得宜，事變得應，上得天時，下得地利，中得人和，則財貨渾渾如泉源，汸汸如河海，暴暴如丘山，不時焚燒，無所藏之，夫天下何患乎不足也？故儒術誠行，則天下而大富，……故墨學術誠行則天下尚儉而彌貧，非鬥而日爭，勞苦頓瘁而愈無功，愀然憂戚非樂而日不和。[63]

荀子論儒墨二家治世之結果，何以成敗異變若是其甚也？蓋儒家治世，視人為人也，故能順應自然之人性，以仁涵攝人眾之欲望，以開物成務滿足人眾之欲望，更以禮義規範化解人眾之欲望，使人人得尊重，人人能發展，人人能享有其辛勞之所得，故人人均努力，人人均樂觀。此儒家所開出自由

---

63 上引均同前。

經濟思想之炳耀光芒也。而墨家之治，則視人為物也，泯滅
人性、視人為一無感情、無欲望之生產機器，窒塞人類求滿
足、求幸福、求愉快之欲望，使人眾陷於悲苦貧乏落後之境
地，益之以其「尚同」（《墨子》有〈尚同篇〉）之思想，必
然形成一種特務統治封閉之社會，天下之蒼生何其不幸也！
墨子如以此種儉薄刻苦的生活若可使其一己得到精神上解脫
之快樂，則其獨樂之可也，又何必巧為之言，強天下人同其
「裘褐為衣，跂蹻為服」之苦哉？！清虛為心，為個人心靈
愉悅，求個人內在生命得到安頓，甚至作「自了漢」，均可
也，若以之為治，則往往為病毒之源矣！荀子之駁墨子，實
已為兩千年前駁斥共產主義之先見矣！

六、漢唐諸儒之「欲惡論」

漢儒重訓詁，於經學之貢獻自不待言，然亦多有未解先
儒微意，碎裂經意，而使先儒本義偏失變形者。以「欲」字
而言，則經義中本有「生命本質義」、「生命動力義」，當然
也有「生命嗜欲義」、「貪戀享受利益義」，但漢儒大多於欲
之積極義，一切不道，以許叔重（慎）《說文解字》為代
表，僅但曰：「欲，貪欲也，從欠谷聲。」虞翻注《易・損
卦》「君子以懲忿窒欲」之「欲」字曰：「坎陰吝嗇為欲。」
唐孔穎達疏《禮記・曲禮》「欲不可從」之「欲」字亦但
曰：「心所貪愛為欲。」諸儒所見之「欲」義，若於經書某
篇某章作此單純之消極義解之，本亦無可厚非，唯叔重《說
文》，訓詁權威；仲達注疏，明經樞紐。一旦遽作定論，致

「欲」字之積極義完全抹煞，而「欲」字之消極義，乃播惡千古，含冤永世矣！誤導後學，可勝言哉！

七、宋明理學家之制欲論

自唐慧能大宏禪宗之妙，餘風廣被，佛氏之徒，多以「明心見性」，求「以心傳心」。心性之學，乃為世所重。韓退之欲據儒學闢佛老之說，作〈原道〉言堯、舜、禹、湯、文、武、周公、孔子聖聖相傳之統，獨尊孟子；其徒李翱，含融儒佛，特重〈中庸〉。宋儒繼業，益廣其義？安定、泰山，開其先河；周、張、二程，蔚成大觀[64]。惟安定、泰山二子，猶重仁義禮樂，篤實剛健，以明體致用、兼利天下為務[65]。而濂、洛、關、閩諸子：周子太極則原於道士陳摶、禪門壽涯[66]；其餘諸子，要均與禪林道院往還，蓋初則迷於長生久視之術，涅槃出世之教，既而又覺渺茫而莫驗，亦厭倦而思返，乃復追尋孔、孟六經之底蘊，重振淑世之雅化，以心性理學為號召，而仍陰襲虛靜絕慾之餘緒[67]。橫渠倡「本然之性」、「氣質之性」亦即理氣二元論於先[68]。蓋亦與伊川「道心」即「天理」，「人心」即「人欲」之論，並時而出發[69]。橫渠之說，未起波瀾；伊川之見，後儒則深惑之。

---

64 林尹：《中國學術大綱》卷六。
65 黃宗羲：《宋元學案》卷一、卷二。
66 顏元：《四存編‧存性編》卷一。
67 錢穆：《國學概論》卷八。
68 王夫之：《張子正蒙注》卷三〈誠明篇〉。
69 宇野哲人：《中國哲學概論‧倫理說》。

蓋聖人亦具人心也，豈得謂聖人而無人欲乎？！朱晦庵繼踵二子之基礎，則推衍為理氣二元之妙用，謂本乎理之心為道心，本乎氣之心為人心；道心為純粹之至善，人心得氣之正者為天理，茲為善；不得其正者為人欲，易為惡，故主以天理制人欲，視人欲為大惡，必根絕之。謂「天理人欲，決不兩立」[70]，此已視人欲為寇讎矣。又謂「做到私欲淨盡，天理流行，便是仁」[71]，此皆與佛老清虛寡欲之言同出一轍，斬絕生機，正不知如何開物成務，以禮學經時濟世也。理學之境，大抵如斯；而倡「尊德性」之「心學」一派果何如耶？象山謂「心即理」，故「明心而見性」，「宇宙即吾心，吾心即宇宙」。故主天理人欲為一物[72]，惟於利慾，亦排斥之，謂「淡味是欲」[73]。視利慾為異端，以清虛為務，遑論開創耶？！其後學餘姚王守仁先生，繼踵陸子，為有明一代心學之巨擘，主「良知即天理」之說，而論「心即是理」，亦主「去人欲之蔽即是天理」之說[74]。此與程子所謂「人心莫不有知，惟蔽於人欲，則亡天理」[75]之說同出一轍。蓋宋、明諸儒，無論論「理」，論「心」，要皆以清高為務，以「忘生徇欲為恥」[76]。乃至執忘小欲並大欲亦忘之，使儒門仁義落空，轉墮佛老虛靜而不自知。伊川甚且謂「外物不接，內欲不萌」，並謂：「人之不能安其止，乃在動於欲而亂其心，故

---

70 黃宗羲：《宋元學案》卷四十四。
71 《朱子語類大全》：卷六、〈性理三〉。
72 《陸象山先生全集》卷三十四。
73 黃宗羲：《宋元學案》卷五十二。
74 黃宗羲：《明儒學案》卷七。
75 陳夢雷：《古今圖書集成理學彙編》六十卷、〈理欲部〉。
76 黃宗羲：《宋元學案》卷十一。

欲有可止之道，必先忘我而無我。」[77]是何言也？外物不接，寧非復歸洪荒之世歟？內欲不萌，寧非枯木死灰僵屍朽骨與？此語儼然《道德經》、《南華經》，甚至慧能《壇經》之玄玄也，尚餘一絲儒家經世致用之精神氣象耶？！

　　平心而論，朱子一生，於儒門學說，著述等身，尤以退《五經》而尊《四書》，使孔子自學教人之內在生命大顯於世[78]，厥功至偉！惜乎「以天理制人慾」之說，誤導中國知識份子墮入清虛，絕滅生機，故除歷朝學者以經論八股釣功名取利祿而外，致有「百無一用是書生」之慨嘆！是豈晦翁白鹿、紫陽講學時之本意哉？！《甲申殉難錄》謂理學之士鎮日靜坐制欲，一旦國家危亡，乃至「愧無半策匡時難，惟餘一死報君恩」[79]。其自誤誤國之慘狀，可勝道哉！尹和靖涪州被召，祭其師伊川文有句曰：「不背其師則有之，有益於世則未也。」[80]蓋已知師門之學，潔身則有餘，淑世則未達也之缺失矣！

八、一般學者對「制欲論」之反響

（一）朱子並世學者之異見

　　朱子並世，同調者固多，而持異說者亦夥，象山陸子靜其著者焉！晦庵謂性即理，主窮理以盡性，故重知；象山謂

---

77 以上所引均見《近思錄》卷四〈存養編〉。
78 錢穆：《孔子傳・序言大意》。
79 戴望：《顏氏學記》、卷一〈習齋〉。
80 引同前。

心即理，主明心以見性，故重悟。鵝湖論學，流韻千古，而亦為千古學術之疑案，蓋一道問學，一尊德性，未可輕為軒輊也。惟象山生命自內而出發，乃宇宙為吾心，吾心為宇宙，主體精神充沛具足；晦庵則則窮理致知以慝生，此不啻仁義外求，雖重批判、較客觀，然本源生命實易流失，蓋以理制欲，生命源頭已告切斷，尚冀其喬皇發展耶？！永康陳同甫（亮）起而嗤黜空談性命，以讀書濟世為事，其駁晦庵理學有謂：「功到成處，便是有德，事到濟處，便是有理。」此則與西儒邊沁（Jeremy Benthom 1748-1832）等所主「謀取最大多數之最大幸福為道德標準」之功利主義，不謀而合矣！故與朱子之學，形同冰炭。黃百家謂其學「無所承接」[81]，此語未盡公允，龍川之學，雖未見平和，然實具仲尼「博施濟眾」之氣象，有孟子「大仁義即大功利」之理境，其於儒學開創外王之工夫，未始不可上追荀子也。

（二）後儒對「制欲論」之反響

宋儒心性之學，歷宋、元、明三代，講學之風日盛，而空疏之病愈甚，象山所謂「束書不觀」、「遊談無根」[82]之語，至其末流，均不幸而言中，蹈魏晉清談之覆轍，置民族命脈於不顧，明室既屋，學者眷戀故國，悲此淪胥，崑山顧炎武亭林及博野顏習齋元、蠡縣李塨師弟乃起而倡經世實用之至道，力闢空談之惡習，亭林倡「舍經學無理學」之說，力主復孔、孟「行己有恥」、「好古敏求」之舊觀，排斥宋儒

---

81 黃宗羲：《宋元學案》卷五〇。
82 《陸象山全集》卷三十四〈語錄〉。

「危微精一」之理學[83]。習齋主「學問不自瞑想中得來，而自日常行事中求之」，作《四存編》以存性、存學、存治與存人。其〈存性編〉駁程、朱之罪「情既熾」之說曰：「孝子之情濃，忠臣之情盛，熾亦何惡？」[84]並言：「孔、孟言性，率多不離情性（欲）言。」[85]故其學說，於情欲有其正面之尊重。而王船山、黃南雷亦窮力經史，而求致用之方。以上諸子，以處境特殊，故論其學問，僅能開有清一代考據之學風，亦未能致其大用於天下。而奮起駁斥「無欲論」之害之學者則為休寧戴東原、江都焦理堂最為著力。

東原以為欲者生命之本能，為天下人所共有，故曰：

> 方其靜也，未感於物，其血氣心知，湛然無有失，是謂「天之性」，猶水之靜也；及其感而動，則欲出於性，一人之欲，天下人之同欲也，故曰「性之欲」，猶水之動也，故欲即性也。
>
> 孟子言「養心莫善于寡欲」，明乎欲不可無也，寡之而已。人之生也，莫病於無以遂其生。欲遂其生，亦遂人之生，仁也；至於戕人之生而不顧者，不仁也；不仁，實始於欲遂其生之心；使其無此欲，必無不仁矣！然使其無此欲，則於天下之人，生道窮促，亦將漠然視之，己不必遂其生，而遂人之生，

---

83 引見註八。

84 顏元：《四存編・存性篇》。

85 引同前。

　　　無是情也。[86]

這一段話，是戴氏駁斥宋儒「以理制欲」最精采的部分，蓋一旦滅絕人欲，則人世惟有流於枯寂，尚何與不仁之有歟？他主張重問學，貴擴充，故力斥陸、王「主宰」、「自足」之說，他說：

> 陸子靜、王文成諸人，推本老、莊、釋氏之所謂「真宰」、「真空」者，以為即全乎聖智仁義，即全乎理。然古之聖賢知人之材質生有等差，是以重問學，貴擴充；老、莊、釋氏認為有生皆同，故主去情欲以勿害之，不必問學以擴充之，既守己自足，因毀訾仁義以伸其說；陸、王諸人同於老、莊、釋氏，而改其毀訾仁義者，以為自然全乎仁義耳！

戴氏以為陸、王與釋、老實一體之兩面，其株雖殊，其本則一，蓋皆絕學去智，對心去欲，陸、王特不過以仁義為言耳！

　　戴氏以為程、朱尊理而以為天與我，而不知此人欲亦同為天之與我；正如荀子尊禮義以為聖人與我，而不知仁義正聖人禮學本源所在所出一樣之謬誤，是以荀子昧於內在之「仁（善）性」，而妄以禮義治其認知之「惡性」；程、朱亦昧於「天欲」，而妄以澹泊附著之「天理」以制其「人欲」。

86　《戴震集》，《孟子字義疏證・理》卷上。

兩皆失其根本[87]。故於各家「制欲」之說，迎頭痛擊，不稍假借。以其雜糅附會。令學者眩惑其中，雖六經、孔、孟之言尚存，然要以習非成是，不復求通，故其不敢默而習也。

戴氏認為「理欲之辨」之要害有三：

其一：責賢太苛，使天下無好人，君子無完行。他說：「以無欲然後君子。而小人之為小人也依然行其貪邪，猶執此以為君子者謂不出於理則出於欲，不出於欲則出於理。於是讒說誣辭反得刻議君子而罪之。此理欲之辨使君子無完行者，為禍如是也。」

其二：養成剛愎自用，殘忍慘酷之風氣。他說：「不寤意見多偏之不可以理名，而持之必堅，意見所非，則謂其人『自絕無理』，此理欲之辨適成忍而殘殺之具，為禍又如是也。」

其三：重理而斥欲，輕重失當，使人變成詐偽。他說：「今既截然分理欲為二，治己以不出於欲為理；治人亦必以不出於欲為理。舉凡民之飢寒愁怨、飲食男女、常情隱曲之感，咸視為人欲之甚輕者矣。……古之言理也，就人之情欲求之，使之無疵之為理；今之言理也，離人之情欲求之，使之忍而不顧之謂理。」[88]「離人之情欲以求理」，亦即違背人性以求之，此東原反對理學之基本理念也。

東原既以「天理出於人欲」，故亦極力反對宋儒「人欲所蔽」之說，乃為「遂民之欲」，「道德之盛，人之欲無不

---

87 引同前。戴氏謂：程、朱所謂之「理」，別為湊泊附著之物，猶老、莊、釋氏所謂「真宰」、「真空」之湊泊附著於形體也。理既完全自足，難于言學以明理，故不得不分理氣二本而以理制氣。

88 上引均見胡適：《戴東原的哲學》七五至七六頁。

遂，人之情無不達」。他認為宋儒師老子之「抱一無欲」是虛無的思想，他說：「凡事為皆有欲，無欲則無為矣，有欲而後有為，有為而歸於至當而不可易之為理，無欲無為，又焉有理？」胡適之先生對戴氏如此抬高欲望的重要性，甚為推崇，他尤其重視戴氏對「欲望」一辭所下的結論。戴氏說：「老、莊、釋氏主於無欲無為，故不言理。聖人務在有欲有為咸得理。是故君子亦無私而已矣，不貴無欲。」又曰：「聖賢之道，無私而非無欲？老、莊、釋氏無欲而非無私。彼以無欲成其自私者也；此以無私通天下無情，遂天下之欲者也。」[89]自宋、明之有性理之學以來，批判理學最精微、最深刻、也最有系統之學者，戴氏一人而已！其後江都焦循，深受戴氏學術之影響，所著《孟子正義》，於孟子所言「口之同嗜、耳之同聽、目之同美、心之同悅理義」章，亦引戴氏存人欲以擴充理義之說為主導。他論性，則說：「性無他，食色而已！」「食色是性，能知，改善。」故其論性、論欲，大旨均與戴氏相同，論性以食色知識為起點，進而由博學、審問、慎思、明辨、篤行以擴充之，非若宋儒以扼殺人欲人性為務也。

九、結論

著者曩昔稍涉宋明理學，論及心性問題，深感其以理制欲主張非盡孔、孟仁義之道之本真，中心激盪，若有憾焉，

---

[89] 引同前書七一至七二頁。

但無以為言，往歲讀張起鈞教授文，深受感動，他說：「宋儒標榜『去人欲』，本是要淨化人生的善舉，但影響所及，不僅視欲念為罪惡，甚至人生享用，都唯恐觸及，這實在是矯枉過正了。人是生物，生而便有欲，欲而不能暢遂，那便不用活了。因此欲又怎能一概籠統的都視為罪惡而要去呢？孟子不就明白表示『好樂』、『好色』都不礙王道麼？」[90]真是屬服我心之正見。晚近讀錢賓四先生《雙溪獨語》一書，衷心更是有一種愉悅充實的感覺，著者以其上壽高齡，以自己的生命體驗為孔、孟的「天人合一」的理境作證，他自「篇一」即自儒家重禮，自衣、食、住、行，自養大欲的文化精神談起，自自然然地突顯了人文主義的悅樂精神的自然真趣與老莊虛無思想的偏失。他認為人生有兩大圈，人文在內圈，自然在外圈；由自然興起人文，是由外向內；而人文圈之最大意義，則由內向外，使內外一體，不偏重，亦不扞格。孟子自養小體之口體之養，進而由心性之養、由自身生活推進到身心以外的家國天下，而完成一大生活，至於贊天地之化育，由人文圈推到自然圈。此孟子所謂養大體也，但大體須從小體養起，小體不能養，何況養大體？人文要義中，要在養小體中，要知兼顧到大體。這一段話，無異是將儒家的仁學做了最好的詮釋。儒家的仁學，原是自人欲出發的。他又說：「衣、食、住的問題，應依自然發展趨勢，人固不必自限在堯、舜時代之土階茅茨（如道家、墨家之儉薄），反而使人易於透到外面的大天地（法自然而無為）；也

90 張起鈞：〈樹立大有為的思想〉，七三年七月二十四日《中央副刊》。

不必刻意像秦始皇經營阿房宮，因他把外面的大天地隔絕了
（致天人不能相通），而又要大大地損壞了外面的大天地來
完成此宮殿（如蜀山木材為之突兀，六國財富為之俱窮）。
一如現在之工業發達之破壞生態環境。這都是儒家的中庸
之道，這都是儒家開創人文開創歷史文化精神生命的體
現。」[91]他進一步肯定男女婚嫁，儒家成家授室之禮，亦均
是自然，老、莊欲寡欲以回復自然，反近於不自然[92]，錢氏
並非刻意為駁斥宋儒而著作此書，而此書所論人文主義莫不
以斥宋儒以理制欲為言者。余讀書既竟，興奮歆動之餘，發
願為此小文，私衷亦有數端，其一：還先儒以仁養欲，以禮
導欲、內聖外王、剛健開創精神之本真。其二：恢復我中華
民族本有整全生命之活力。其三：使世人知儒家之大仁義即
大功利，導私欲為民生共有共享之樂利。其四：使中西之學
術交流會通，使儒家開闊恢宏之整全思想大顯於世界，既重
道德，亦攝功利，非徒空疏只講心性之學術。此區區不揣之
宏願也。惟倉猝成篇，誤謬漏失，在所難免，尚祈海內博
雅，有以教我。

──《東吳大學哲學系傳習錄》第 5 期
（1986 年 10 月），頁 37-68。

91　錢穆：《雙溪獨語》篇一。
92　引同前書，篇二。

跋

駱以軍

　　某次聽黃春明先生回憶已故次子黃國峻（也是我這輩屬一屬二的小說家）童年的一段往事，非常感慨且感動，他說國峻從小便敏感而害羞，卻運氣不好沒遇到願意柔軟理解他的老師。小一時，有一次黃春明發現國峻寫作業寫到十一、二點，原來是老師要他把每一個錯字罰寫二十行，而國峻一共要罰寫九個錯字一百八十行！黃春明第二天去找老師，說我覺得對一個小一學生來說，晚上九點上床睡覺比把每個錯字寫二十遍要重要。沒想到這位老師是個氣量狹小之人，冷冷回了一句：「那我沒辦法教你們小說家的孩子。」從此在班上冷淡疏離國峻，小二時黃春明便讓國峻轉學，但那時學期還未結束，有一天黃春明便對國峻說：「國峻，我們去環島旅行好不好？」

　　於是，在那個年代（還沒有高速公路），一對父子，公路電影般道路在眼前不斷展開，父親騎著野狼機車（里程走太遠還要在路旁將機箱拆下清理灰渣），兒子緊緊抱著他。他們在客家村落看豬農幫母豬接生，像電影畫面，我們似乎看見七歲的小國峻，睜著驚奇，黑白分明的大眼，躲在父親腰後，看一隻一隻晶亮濕漉裹著胎衣的小豬鬼，從母豬的後

胯挨擠著掉出。或是他們在旗山看見遍野香蕉樹葉如巨大神鳥集體搧撲翅翼，在颱風中中魔狂舞，也因為遇到颱風，他們騎機車頂著漫天銀光的大雨，父子披著雨衣，折返北上。

那個畫面讓我感動不已。原本是被這個社會粗暴傷害的預言般的啟始時刻，一個敏感的靈魂，卻被父親的魔術，轉進公路電影的，對這個世界驚異且詩意的窗口打開。

戴立忍導演的《不能沒有你》，也有這樣一段公路電影式的，沒有演員的對戲，只有父親騎著野狼機車載著小女孩，在公路上行駛。那在速度中被風壓擠成貓笑臉的，偎抱在一起的孤獨又渺小的父女，似乎被不斷運鏡朝後退去的公路風景療癒──海岸邊一列風力發電機的雪白風車扇葉、地名的鐵牌路標、遮斷天際線的高架橋，或他們偷爬進去借宿的小學校園教室。這部電影似乎可視為去年瘋狂大賣的《海角七號》的夢境顛倒：同樣在南臺灣（國境之南），但青春尋夢，島國嘻哈調鬧的小人物狂想曲，加上跨越半世紀時空之愛這樣的日系偶像劇，被翻轉成一個黑白片的，無路可去的，被整個現代性卡夫卡國家機器排擠到「海角」海港邊的遺棄角落。那種自得其樂，苦中尋樂，小鎮人情的人際關係支持網絡不見了，人成為最孤獨的，無告且無法掙跳脫離冰冷的戶政、警察、媒體、媚俗政客之話語，掉到這社會最底層，徹底被侮辱、損害、剝奪，我的朋友們看這部電影沒有不淚流滿面的。藉著導演的黑白片視鏡，我們被那幾乎要絕望的，只想相濡以沫守靠在一起的不幸男人和那天使般小女兒卻硬生生被拆散的命運深深打動、痛擊。在這個時刻，公路電影式的詩意眼睛，延展到近乎神的哀憫視域，鏡頭伸進

大海底下，一片無際的深藍。最孤獨的人被那一整片水光晃搖的溫柔靜謐托住、撫慰。

　　對我這輩人來說，「父親」的難以言喻之印象，似乎可以和「公路」的意象連結。父親總是沉默的、嚴峻的，在你還是孩子的時光，不理解他為何那麼吝於表達愛，你不知道其實他自己正承受著被這世界壓扁擠碎的恐懼。他或許也不知如何告訴那個身旁的小人兒，世界是怎麼回事，譬如溫德斯的《巴黎德州》，那一片枯荒空曠的瘠土礫漠，日曝下景物扭曲著；譬如安哲羅普洛斯的《霧中風景》，小姊弟兩個拿著從未見過的父親自異國寄來的一張風景幻燈片，上路去尋找那風景的「父所在的地方」；譬如俄國片《歸鄉》，從天而降的陰鬱凶暴的父親，帶著那對兄弟，開車往他們陌生的遠方，踏上啟蒙之途。公路作為天空的反面，被壓躺在大地，跟著丘陵、沙漠、草原、海岸起伏，同時又蜿蜒伸展向這個世界的各種可能的方向。它只展現，從不多話解釋。一如父親，你必須在很多年後，才想起，並領悟他當時帶著你站在那些風景前的畫外音：「記得你所看到的一切。」

　　很多、很多年以前，當我還是個小孩的時光，有一個畫面：我父親會在颱風過後，溪流暴漲的陰冥夏日午後，帶著我和哥哥，穿過那些低矮屋簷人家的窄巷弄，經過一座鐵絲高網內鐵環圈發出如隱抑怒氣的巨犬咆哮聲的變電所，穿過一片拖鞋會深陷鬆土的竹林，爬上一座舊破的矮河堤。那時新店溪邊猶未建起那環河快速道路的水泥高牆，河堤似乎是日據時代留下，磚土崩落、裸出灰磚，隙縫間布滿芒草、蕨叢、牽牛，且有附近住民搭的絲瓜棚架、木瓜樹。那登上河

堤的石階，似乎是每一級用溪邊鵝卵石湊拼砌成，上頭覆著
細細一層土馬棕。父親帶著我們，走在那窄窄的河堤上，我
們靜默地跟在他身後，那段路在記憶裏像一幅超現實之畫，
河堤下的運動公園跑道散放著一種憂鬱的亮橘；遠近的行走
或跑步的人們，像沒有臉孔的黑影，當時還沒有永福橋，遠
眺和我們站立其上的河堤平行的惡水溪流，聲響轟轟，整片
灰色的卵石河灘上孤伶伶停著一臺黃色挖土機。較近處是一
整片一整片的芒草叢⋯⋯

　　那一切如此空荒、孤寂，我父親會站在某處（或一塊巨
石、或一株剛植下的柳苗幼株旁），掏出一根煙點上。我和
哥哥則在一旁匍伏於地，看小水窪中的蝌蚪和翻著白肚的小
魚屍，我總以為父親會對我們說些什麼，但他什麼也沒
說⋯⋯

　　父親在我心目中的形象總是如此高大。我記得小時候家
中曾發生過這樣的事：有一晚母親臉色慘白回家對我們說：
「你爸在路上管閑事，被人用扁鑽捅了，全是血，現在在醫
院裡。」原來就在我家巷口，他路過看見三四個流氓在打一
個老頭，上前干涉，對方一怒便抽傢伙往他大腿扎了一個窟
窿，後來一群人到警局備案，原來是一筆亂帳，老頭欠人錢
不還，被欠錢的沒輒，找了幾個兄弟，原本只是「嚇唬他一
下」，不想半路冒出個一米八幾的高大漢子亂了劇本，捅傷
父親那人（是個失業倒楣的傢伙）的妻子哭哭啼啼一直賠
罪，父親後來反過來勸警察不要頂真，還給了捅他那傢伙一
筆錢。我童年時每年除夕，家裏客廳便坐滿了一些講「外國
話」的大哥哥大姊姊，和我們一起在熱煙瀰漫中圍桌吃年夜

飯。等長大些我才知道，那些挨擠坐在我家窄促客廳人手一杯汽水或紹興酒，嘰嘰咕咕說著我聽不懂的方言，模糊笑臉的人們，是父親學校裏的僑生（滇緬，或印尼，或馬來西亞，或香港）。那個年代普遍貧窮，他們或無法回鄉過年，父親感慨自己二十歲離家孤自來臺，每逢年節的漂萍思鄉之哀愁，便亦父亦兄的要他們來家圍爐。我那時還是小孩，但跟著哥哥姐姐聽母親囑咐從廚房端出一盤一盤雞鴨魚肉到客廳時，記憶極深是父親哄亮的那一句：

「真的，當在自己的家裏。」

這樣的燕趙豪傑之氣，這樣的「慷慨以歌」的血性，自然苦了我那可憐的母親。父親一輩子教書，到老卻兩袖清風，主要就是他這個「車馬衣裘與朋友共」的質樸重義個性。他獨身時，自個省吃儉用，但每月薪水總被不同哥們借去。一直到成家，生了我們幾個孩子，艱難在永和買了這個小房子，卻還常為當初幾個一道從南京逃難來臺的結拜弟兄，要籌辦婚禮，要買房子頭款，做小生意要資金……

父親總是他們一開口，便豪邁地應諾，然我母親就得想方設法從銀行（我們自己的房子貸款）再多貸一些，或標會，東挪西湊。然我母親也是個遇事不皺眉的。我父親晚年總對我們說：「你媽媽啊，靈魂裏就是個男人，是個俠義之人。」她總可以在那麼困窘的家計裏，還是笑眯眯的，風生水起地幫父親籌出那些「有去無回」的朋友救急之錢。

我從小到大，跟在父親身旁，這樣的場面屢見不鮮：我們在公車上，遇有老弱殘疾上車，若有年輕人坐著不讓座，父親會走過去，拍拍他要他讓坐（更早的年代或有人在公車

上吸煙，父親也會去制止）。我青少年期遇到這一刻，總會覺得非常羞辱（因為被提醒讓座之人總是一臉不豫；且之後的路程我總覺得全車人都在看我們）。我小學三年級時，有一年父親失業了，賦閒在家（這在我們那時是難以想像的）。原來是那時父親任教的校長（後臺非常硬，據說是當時政壇某位極高層的親戚），將學校一筆清寒獎助學金吞佔。父親便在週會全校教職員在場時，發言痛批此事之不公義。在那個年代，校長竟當下將父親解聘。父親晚年回憶此事說，他被解聘鬱憤回家，我母親只有一句話：「沒問題！我養你！」

　　更多的像默片的畫面：某個晚上，父親學校某位要競選校長或院長的同事，送來一袋茶葉禮盒。走後父親發現茶葉罐裏塞了鈔票。我記得父親在燈光暗昧的客廳邊換外出衣，邊憂心忡忡和母親討論（母親一定是叮囑父親，這樣把錢退回去，一定要婉轉，不要反而無端又結了仇人），然後在夜色中出門。或是高大的父親牽著那時還是小孩兒的我，搭公車到民權東路的「恩主公廟」，我們混在那香煙氤氳，與父親並不很搭軋的阿婆和善男信女間，父親帶著我持香祭拜那神殿裏的紅臉神靈。似乎他在這島上，在這些民間宗教的寺廟間，唯獨這義薄雲天的關雲長，是他內心神秘對話的典範。或是每到大年初二（父親的生日），他便會長跪在家裏神桌祖先牌位旁一楨我奶奶的黑白相片之下，那段時間非常長，似乎他沈浸進一個我們這些小孩永遠不可能進入、理解的，一個永遠失去原鄉的漂泊遊子的孤寂和思慕。

　　父親一直是個生活藝術家，從小，永和老屋的小庭裏，

一株一株他親手栽下的桂花樹、木蓮花樹、梅樹、整叢杜鵑、曇花，他親手搭棚架讓其爬藤的金銀花、九重葛（後來那日式老屋的黑瓦屋頑上全繁茂爬滿這樣野性帶刺、朵朵小紫花的植物）、鐵樹、棕櫚、小金桔樹、枇杷樹（我們幼時每當枇杷結果，父親便登梯拿小塑膠袋套住一叢叢果蕊，以防鳥食）、芒果、桂圓、木瓜……我記得整個童年的院落，當是鳥鳴婉轉、脆啼不止。他晚年還興起養荷，特意跑去南海路植物園農試所向他們買生蓮子，我開車陪他到鶯歌燒窯老街搬回四只極大之大肚古早陶缸，他先浸水「養爛泥」，待一月後才種下種子。而到他中風病倒，這整缸荷葉，長得風姿搖曳，甚至開出荷花，那讓我們更感慨萬千。他將這永和小院，暱稱（包括他刻的藏書印章）「觚園」。他深愛陶淵明，像中國傳統文人，即使在這離散、失根、荒謬如噩夢的那一輩流亡者處境，內心還是隱祕收藏著一個「悠然見南山」的寧靜小宇宙。他且收藏茶壺、古硯（他收藏的端硯、松花硯在好友間頗為有名）。父親也是個饕家，他愛朋友，好請客，那個年代臺北大小館子哪位師傅的哪道名菜，如何作工、烹飪的祕密，他講起來眉飛色舞，如數家珍。有幾次他帶我到西門町一知名南京板鴨店，買一只巨大的金華「雲腿」，回家自己用菜刀劈剁，燉成一鍋鮮湯。父親酒量甚好（母親曾回憶，有一年他一群哥們想整他，七八個人圍攻灌他一個，全是高粱，他把大家全放倒了，自己搖搖晃晃走出，搭車回家。那是母親唯一一次看到他爛醉），但他總只是喝到微醺，興起便唱整支京劇的段子。他酒品亦極好，我想那緣自他有一顆正直、寬闊、自愛的靈魂。他十四歲便喪

父成為孤兒，和大他十二歲極嚴厲的大伯父（他的大哥）一起學殺豬，他常講起自己「吾少也賤」，冬天抓豬縛綁時，常把手掌虎口扯裂，鮮血淋漓。輟學之後，他全靠刻苦自學，有同伴恥笑他當年在私塾受先生器重，如今拿尖刀全身血污，他朗朗應曰：「吾身油濁兮吾心清。」他二十出頭便離開故鄉和他摯愛的母親，並不知道自己一生將成為「異鄉人」。他早年在南京政壇算青雲得意，但後來看盡其間醜惡鬥爭，遂投入教育與學術，按說他此生歷盡種種非常人之艱困、打擊、孤獨，應是胸中鬱壘，懷憂喪志，但他本性是個快樂、溫暖，帶給他人光和熱的人。這當然也因為他遇見了我母親（我父親總說，母親是他此生的知己），他倆皆是對富貴視為浮雲，父親晚年，最大的安慰，應是母親像唐吉訶德，突發奇想跑去深坑靠石碇一極偏僻鄉下，買了一棟小屋。這之後十年，他老伴倆每逢週末便去那小屋住，週日清晨搭公車到石碇山裏一處叫「烏塗窟」的山區，一路持竹枝當拐杖，順那山路蜿蜒而上，那段路沿途層層梯田，天光水影、白雲悠悠，白鷺老牛，我想是最接近父親內心嚮往那「天人合一」的境界。

父親在〈儒家成仁取義的思想在美育上的功能〉一文中，有一段提到：「筆者本師休寧吳公兆棠先生……早歲主講青年心理，忽作警語曰：『我以為要訓練青年恢弘廓然大公的胸襟、激勵其犧牲奉獻的精神，首先要訓練他們懂得自私！』滿座失色，筆者一向服膺先生，內心也不覺駭然……乃先生復徐徐曰：『……我所講的自私，就是自愛呀！……』試看一般世俗的庸人，只知昕夕孳孳為利，畢生為攘奪而煩

惱，但生理的極限卻不能違抗自然的命定，一旦壽限到來……到頭來卻一無所有。歷史上唯有聖人、賢哲、志士、仁人他們毫不保留的為社會奉獻自己，他們在世時也許是毫無所有，但他們的事蹟卻彪炳史冊，他們的人格與日月同光，而他們的精神也永存天地之間，宇宙所有的時空好像都是為他們而展開而準備的，真正的達到了一種『無我而我無所不在』的境界，我們能說這只是一種感性所煥發的浮光掠影嗎？」

　　對我這一代的人（包括我們作為父親的孩子），是很難理解，父親從年輕一直到老，內心始終真正的相信如孟子所說的「存養」：「吾善養吾浩然之氣。」即使時代的價值紛亂移轉或歷史的謬境讓他那一整代的人，在晚年難免如檻中困獸，今夕何夕之慨，然我年歲愈長，愈有所感父親所信仰的（年輕時我著迷西方現代主義，特別如志賀直哉的《暗夜行路》，對父所言說並尊重的那個義理世界叛逆之、逃躲之）。那個發光的、浪漫主義式的，「孔曰成仁，孟云取義，惟其義盡，所以仁至」。他是如此純潔地相信這個義與命的模型！並一生刻勵實踐，對人慷慨重義，對己自愛，他熱愛生命，充滿一種將自己奉獻給一種「天地間不朽」、「庶幾無愧」的中國士人典範。

　　父親的離世，對我們這一家人造成的悲慟，真是難以言喻的巨大且深遠，不止那位此生他視為比翼鳥、視為他困苦半生最大欣慰能遇之知己的，我可憐的母親；我與哥哥、姊姊私下聊起，都覺得父親的離去，對我們各自內心最隱祕的那個角落，有個什麼巨大、依傍以安身立命的大廈永遠崩毀

了。我們再也不可能像從前那樣活在一個穩固而煥然發光的世界了。那不止是一種失去至愛親人的哀傷，而是他所沛然支撐起的一個他信仰的形上宇宙，在他活著的時候，我們不知珍惜，等他永遠離開了，我們才徬徨無所依，知道自己此後要孤自面對那其實價值分崩離析，人生如暗夜行路的亂世啊。

父親一生酷愛收書、藏書，近乎痴，我們永和老屋，從小的空間印象，便是屋子各牆面、走道，從客廳、臥室到飯廳，全是父親的龐大書櫃，那老屋除了客廳，並沒隔間，我們一家各自的「臥房」，其實就是父親用不同書櫃圍隔出的區塊，之中擠放一張床。後來我們漸大，父親請工人在那老屋上分別加蓋一間我與哥哥的臥室，另一類似閣樓的夾層，但後來也全堆滿父親的書。我整個童年，其實可以說是活在父親那像倉庫或圖書館四面八方各種書櫃的藏書裡。母親的回憶絕少不了，父親某幾次兩眼發光回家，跟他商量（其實他早已跟人家訂了）去貸款，用分期付款（簡直像別人家買車或買小套房）買下整套的《筆記小說大觀》、《大藏經》、《古今圖書集成》、⋯⋯。除了朋友，我們這些孩子，可以說這一生他的錢全揮霍在這些書上了。我小時候亦常有這樣記憶畫面，夏日陽光飽滿，父親便要我幫他，把老屋內受潮發出霉味的一落一落硬殼精裝書，搬到小院攤開曝曬。

父親過世之後，我們發愁於父親一生珍藏的那滿室藏書，維持不易（說來慚愧，他的許多書，我忝為文字創作者，亦自知其浩瀚我一輩子不可能翻讀），恐怕溼爛蟲柱，和母親商議之後，決定捐出較有收藏價值之成套叢書，於二

○○六年贈與佛光大學圖書館。由母親和哥哥將那整櫃整櫃的書清出，並建立書目清冊。非常驚人的是，我們由母親出面一共捐贈了上萬冊（總共七十四箱）經史子集各類父親遺留之藏書，但走進那老屋，像那些書不曾少去的，仍四壁書櫃塞滿了書。

　　但這個清理書櫃的過程，母親卻意外找到一份父親生前論著的手稿，它們分別登載於不同之學術期刊。寫作年月跨度極大，要整理成書亦頗有難度。這時，像希臘戲劇的「天降神」，突然出現了一位我們一家人的貴人：顏世鉉大哥。

　　這整個過程，包括初始與萬卷樓學術顧問的中央研究院中國文哲研究所的林慶彰老師和蔣秋華老師推薦建議父親此書的出版；包括出面懇請我尊敬的王邦雄老師和蔡信發老師為此書作序；包括和父親當年任教之臺北商業技術學院圖書館方面聯繫，查詢論文發表年月資料或複印期刊論文（因為其中一篇，原來只有手稿，沒有期刊的正式論文）；包括和萬卷樓的張晏瑞先生密集電話往返，確定本書的一、二校稿，最後校稿、出書時間流程的確定……這一切於我們一家人如夢如幻的「父親的書」從遺忘的、時光迴廊的彼端被召喚、如編沙為繩、鑄風成形，成為一本真正存在的書，裡頭印刻著連我們也陌生不理解（真是慚愧）的，父親從年輕到老，對學術對義理的信仰和熱情——這全是顏世鉉大哥從頭到尾辛苦的投入，像看不見的鐘錶內部的每一機簧齒輪，全是顏大哥古人般的情義相助，他是我們一家人的恩人。

　　父親此書，能得到王邦雄老師（天啊！他是我們那一整個世代文藝青年的偶像）和蔡信發老師的慷慨贈序。王老師

與蔡老師皆是父親生前尊敬嘆佩他們學問與人品的君子知交、偉大學問家，能得兩位先生的「夢幻之序」，相信父親在天之靈，一定感動又快慰。另外，包括林慶彰老師、蔣秋華老師、萬卷樓圖書的張晏瑞先生，以及國立臺北商業技術學院圖書館的林祥昌先生也給予極大的幫助，是父親此書能成形的關鍵人物。這裏譬借張九齡古詩〈感遇〉：

> 幽人歸獨臥，
> 滯慮洗孤清。
> 持此謝高鳥，
> 因之傳遠情。
> 日夕懷空意，
> 人誰感至精？
> 飛沈理自隔，
> 何所慰吾誠？

所謂「昔人已乘黃鶴去」，但這幾位長輩的君子不忘故交之情、之義，讓我母親和我們這些不肖後人震動且感激，湧激之恩，怎樣也無法報答。特此叩謝。

編後記

蔣秋華　顏世鉉

　　本書是駱建人先生已發表的先秦儒家思想的論著,所討論的內容以《論語》和《孟子》二書的為主,亦兼及《荀子》一書。先生生前曾以「論孟心詮」為名,自編文集篇目一份,收入本書的文章共有十三篇,前十二篇均出自這份篇目,而第十三篇〈孔、孟、荀「欲望論」本義發微〉則為本書編者所輯得而補入。

　　收入本書的文章,原來都曾在國內的學術性刊物上發表。編輯時均以原刊物所刊載者為底本,並校改了一些印刷錯誤和筆誤,在標點符號方面也加以調整,使之能符合現代編輯排版的規範;文章中所徵引的文獻、論著,大多根據原出處查核校改,在排列的形式上也作了一些技術性的處理。

　　本書的編輯出版都是在駱師母張寶珠女士的支持下進行的,在編輯的過程中,也得到蔡信發老師和王邦雄老師的指導。先生的辭世,令人無限的哀痛,我們謹以此書來表達對先生的無盡的懷念。編輯的工作如有不適當的地方,希望先生生前的友好和讀者們能夠給予指正。

　　近來學術出版事業並不景氣,萬卷樓圖書股份有限公司願意出版這本論文集,令人深感敬佩。此外,中央研究院中

國文哲研究所林慶彰先生的推薦幫助，才使本書能夠順利出版，謹致上最誠摯的謝意。

蔣秋華、顏世鉉　謹識於中央研究院

中華民國一百年十月

國家圖書館出版品預行編目(CIP)資料

```
論孟心詮 / 駱建人著. -- 初版. --
   臺北市：萬卷樓，2011.07
      面；  公分
   ISBN 978-957-739-713-3(平裝)

   1.論語 2.孟子 3.儒學 4.研究考訂
121.227                          100012786
```

論孟心詮

2011 年 10 月 初版 平裝

ISBN 978-957-739-713-3　　　　　　　　定價：新台幣 280 元

作　　者	駱建人	出　版　者	萬卷樓圖書股份有限公司
發 行 人	陳滿銘	編輯部地址	106 臺北市羅斯福路二段 41 號 9
總 編 輯	陳滿銘		樓之 4
副總編輯	張晏瑞	電話	02-23216565
主　　編	陳欣欣	傳真	02-23218698
編輯助理	游依玲	電郵	editor@wanjuan.com.tw
封面設計	耶麗米工作室	發行所地址	106 臺北市羅斯福路二段 41 號 6 樓之 3
		電話	02-23216565
		傳真	02-23944113
		印　刷　者	百通科技股份有限公司

版權所有‧翻印必究　　新聞局出版事業登記證局版臺業字第 5655 號